W0466928

LA VIE SINGULIÈRE DE THOMAS W. HIGGINSON

"Domaine français"

L'auteur remercie le CNL pour la bourse d'aide à la création
dont a bénéficié cet ouvrage.

Sauf mention particulière, les extraits de poèmes et de lettres figurant dans l'ouvrage
sont traduits par l'auteur.

© ACTES SUD, 2025
ISBN 978-2-330-20159-3

CHRISTIAN GARCIN

La Vie singulière de Thomas W. Higginson

Récit biographique

ACTES SUD

PROLOGUE

1862

Au début du mois d'avril 1862, dans une petite ville du Massachusetts, une jeune femme de trente-deux ans qui écrivait des poèmes mais n'en publiait pas – un seul, intitulé *Sic transit gloria mundi*, avait paru anonymement dix ans auparavant dans le *Springfield Republican* –, lut dans *The Atlantic Monthly* une "Lettre à un jeune collaborateur" dont il était indiqué qu'elle était destinée à "tous ceux qui voudraient être des auteurs dans ce pays". Le signataire de cette lettre donnait des conseils aux écrivains débutants, prenait Sir Thomas Browne comme exemple d'un style vigoureux, parlait de la "trivialité de la guerre", de "phrases qui palpitent et vous exaltent par la fascination de leurs syllabes", et déclarait que "le livre est la seule immortalité" et que "la guerre ou la paix, la célébrité ou l'oubli ne peuvent porter aucun préjudice réel à celui qui s'est fixé l'objectif de vivre noblement jour après jour".

La guerre à laquelle il était fait référence, toute "triviale" qu'elle fût, était omniprésente et particulièrement violente cette année-là, et pouvait porter de bien réels préjudices à ceux qui y participaient. Elle avait éclaté quelques mois plus tôt, le 12 avril 1861, lorsque les confédérés (sudistes) avaient attaqué le fort Sumter, à Charleston, en Caroline du Sud, afin d'en déloger la garnison fédérale (nordiste). Le premier coup de feu avait été tiré par un nommé Edmund Ruffin, un planteur de Virginie âgé de soixante-sept ans, propriétaire d'esclaves, activiste politique et auteur de traités sur l'esclavage et sur l'agriculture, qui depuis des années plaidait pour une sécession des États-Unis. La Caroline du Sud avait été le premier État à s'être séparé du reste du pays en novembre 1860 – le Mississippi avait fait de même le 9 janvier 1861, ensuite ç'avaient été la Floride le 10, puis l'Arkansas, la Géorgie, la Louisiane et le Texas, après quoi, le 18 février, Jefferson Davis avait été élu président des États confédérés d'Amérique, et son gouvernement établi à Richmond, Virginie. Un mois plus tard, Abraham Lincoln devenait quant à lui président des États-Unis d'Amérique – qui de fait n'avaient plus rien d'unis : deux pays désormais se faisaient face.

Pour les sudistes, c'était assez simple : le Nord se battait pour les Nègres, et eux pour sauver leur mode de vie et leur civilisation. Pour les nordistes, c'était, officiellement, encore plus simple : même si la question de l'esclavage demeurait prééminente, ils se battaient avant tout pour restaurer l'Union. En août 1862, Lincoln, depuis toujours opposé à l'esclavage mais surtout désireux qu'il ne se propageât pas dans les nouveaux États de l'Ouest, déclarait : "Mon but est de sauver l'Union, il n'est ni de sauver ni de détruire l'esclavage. Si je pouvais sauver l'Union sans libérer un seul esclave, je le ferais ; si je pouvais la sauver en libérant tous les esclaves, je le ferais ; et si je le pouvais en en libérant certains et pas d'autres, je le ferais aussi."

Il n'y avait pas eu de morts lors de l'attaque du fort Sumter. Après l'échange de coups de feu, Edmund Ruffin avait été le premier à pénétrer dans le fort. Il s'était même payé le luxe de poser, assis sur une chaise, cartouchière en bandoulière, fusil à la main droite, chapeau sur le genou gauche, ses longs cheveux blancs tombant sur les épaules, un air de vieil Indien farouche et circonspect, pour une photographie aujourd'hui conservée aux US National Archives. Il n'y avait pas eu de morts, mais le 15 avril Abraham Lincoln avait mobilisé des troupes (soixante-quinze mille volontaires pour commencer) dans l'enthousiasme quasi général, comme c'est souvent le cas lors des mobilisations ("Parfois la poudre à canon sent bon", avait écrit Ralph Waldo Emerson), et ç'avait été le début de la guerre civile américaine, dite guerre de Sécession, dont nul n'imaginait alors qu'elle durerait quatre ans, ni surtout qu'elle serait si meurtrière. Quatre années au cours desquelles se succéderaient ou se dérouleraient simultanément plus de dix mille affrontements entre les deux armées, de simples échauffourées parfois, de véritables carnages souvent, des batailles sanglantes, absolument traumatisantes, et dont les répercussions n'ont pas fini, un siècle et demi plus tard, de modeler et de constituer l'imaginaire collectif américain, pouvant même à l'occasion fournir une grille de lecture tout à fait pertinente à l'histoire la plus contemporaine de ce pays.

Cette guerre civile, qui est considérée comme la première guerre "moderne", le premier étendard sanglant de l'ère industrielle, annonçait et préfigurait la Première Guerre mondiale qui allait éclater un demi-siècle plus tard. On y expérimenta les techniques les plus neuves et meurtrières, comme le fusil à canon rayé ou les premières mitrailleuses ; on eut recours aux tranchées (lors du siège de Petersburg, en 1864) ; le premier sous-marin y fut mis en service, et la première bataille de cuirassés (entre l'*USS Merrimack* et l'*USS Monitor*, lors de la bataille de Hampton Roads en 1862) marqua la fin de la marine à voile. Il y eut, surtout, un nombre de victimes que personne, au début, n'aurait imaginé : quatre ans plus tard, une fois le pays réunifié et le drapeau de l'Union dressé sur les champs de bataille ensanglantés et fumants, on comptera un million de morts et de blessés de part et d'autre.

Le 6 avril 1862, un an, donc, après le début de cette guerre, alors même que la jeune femme d'Amherst, Massachusetts, lisait la lettre de *The Atlantic Monthly*, se déroulait dans le comté de Hardin, Tennessee, la bataille dite de Shiloh, du nom d'une chapelle qui se trouvait là, entre les forces de l'Union menées par les généraux Don Carlos Buell et Ulysses S. Grant, fils d'un tanneur, ancien alcoolique et futur président du pays réunifié, et celles des États confédérés que commandaient les généraux Albert Sidney Johnston, qui y laissera la vie, et Pierre Gustave Toutant de Beauregard, surnommé Little Frenchman, catholique, admirateur de Napoléon, et né en Louisiane dans une famille créole. Cette bataille sera, pour quelques semaines à peine, la plus sanglante de toute l'histoire américaine – elle sera rapidement détrônée : par la suite, huit seront encore plus meurtrières. Mais, comme la bataille d'Eylau un demi-siècle plus tôt, elle marquera profondément les esprits, l'une comme l'autre déconcertant jusqu'aux troupes mêmes qui y participèrent par leur sauvagerie et le nombre de cadavres qu'on y décompta.

Shiloh était comme une drogue qui se dissimulait
Parmi les feuilles rugueuses sur la Piste Natchez.
*Tous les buveurs en voulaient, et tombaient endormis**.

* Robert Bly, "Les morts de Shiloh", dans *La nuit où Abraham appela les étoiles*, trad. Christian Garcin, Le Réalgar-Éditions, 2022.

Les chiffres s'accumulent comme les corps sur les champs de bataille. Ils nourrissent des statistiques, révèlent des tendances, des degrés, des records, des traumatismes collectifs, mais ils ne disent rien de cette affaire strictement privée qu'est la mort, de la terreur individuelle, de la sensation d'abandon, du saisissement intime, de la peur viscérale, de l'incrédulité, du soulagement parfois, peut-être, de la paix retrouvée, de la soudaine abstraction de tout ce qui, une minute plus tôt, constituait encore l'expérience du monde sensible. Ils ne disent rien non plus du chagrin, des pleurs, des hantises durables, des effondrements dévolus à ceux qui restent.

Autour de l'église de Shiloh –
L'église en rondins de bois, si isolée
Qui se fit pour beaucoup l'écho du dernier souffle
De la prière spontanée
D'ennemis mourants enchevêtrés –
Ennemis le matin, mais amis le soir –
Peu leur importe la patrie ou la gloire :
(Comme une balle peut détromper !)
Car à présent ils gisent au sol,
Effleurés par les hirondelles,
*Et tout est silencieux à Shiloh**.

Toujours au début de cette année 1862, à Washington, loin du fracas des combats, deux des fils du président récemment élu Abraham Lincoln, Willie et Tad, respectivement âgés de onze et neuf ans, furent atteints d'une maladie qu'on identifia comme étant une fièvre bilieuse, bien qu'il s'agît plus probablement d'une fièvre

* Herman Melville, "Shiloh un requiem", dans *Poésies*, trad. Thierry Gillybœuf, Éditions Unes, 2022.

typhoïde due à une contamination par le réseau d'eau vétuste de la Maison-Blanche. Tad finit par guérir (momentanément : il mourut de tuberculose, ou peut-être de pneumonie, neuf ans plus tard, à l'âge de dix-huit ans). Mais le 20 février, à la suite d'une réception donnée à la Maison-Blanche, un soir où le clair de lune était exceptionnellement éclatant et les convives exceptionnellement gais et volubiles, cherchant peut-être à conjurer la pesante atmosphère de guerre et de maladie mêlées qui s'insinuait entre les tables garnies de victuailles, les corbeilles de fleurs, les étoffes luxueuses et colorées, les pétillements alcoolisés, le froufroutement des robes satinées, le 20 février 1862, Willie, le plus intelligent, le plus enthousiaste, le plus curieux, le plus subtil, le plus charmant, disait-on, des fils du président, celui que tout le monde adorait et à qui chacun prédisait un destin exceptionnel, le jeune Willie, allongé dans la chambre Prince-de-Galles de la Maison-Blanche ceinte de tentures murales pourpres, succomba à sa fièvre. Le chagrin fut immense et se propagea bien au-delà du cercle de la famille proche. Il fut enterré le 25 février au cimetière Oak Hill de Georgetown. On ne manqua pas de reprocher à Lincoln d'avoir maintenu la réception alors que son fils était mourant à l'étage. Mary Lincoln resta alitée trois semaines et ne put se rendre aux funérailles de Willie, ni s'occuper de son plus jeune fils, Tad. Elle n'entra plus jamais dans la chambre verte, où le corps de Willie avait été embaumé, ni dans la chambre Prince-de-Galles, où il était mort. Le soir de l'enterrement, sous une lune décroissante mais toujours vive, Abraham Lincoln revint seul au cimetière, pénétra dans le caveau, ouvrit le cercueil, et serra contre lui le cadavre de son fils. Il en ressortit au bout de quelques minutes, le visage défait. Se dirigea vers l'entrée du cimetière. Hésita. S'arrêta. Fit demi-tour, pénétra à nouveau dans le caveau, ouvrit à nouveau le cercueil, et pressa une fois encore le petit corps contre sa poitrine. Ressortit. À nouveau il se dirigea vers l'entrée, haute silhouette maigre et voûtée, avançant lentement, comme à contrecœur, le long de l'allée de graviers baignée de lune. Puis il fit demi-tour, à nouveau pénétra dans le caveau, ouvrit une fois encore le cercueil, serra une fois encore le corps contre lui, et lui murmura quelques mots à l'oreille.

Dans un peu plus de trois ans, après qu'Abraham Lincoln aura été assassiné au Ford's Theatre de Washington par l'acteur John Wilkes Booth et que son cercueil traversera le pays pour être enterré à mille kilomètres de là, à Springfield, dans l'Illinois, celui de Willie sera exhumé pour l'y accompagner.

Pendant ce temps-là, un peu plus bas sur la carte du monde, le Périgourdin Antoine de Tounens, fondateur de l'éphémère (deux ans) royaume d'Araucanie et de Patagonie, croupit depuis janvier dans une prison chilienne, tandis qu'à un océan de distance, Gustave Flaubert s'apprête à publier *Salammbô*, Victor Hugo *Les Misérables*, et, un peu plus à l'est encore, Fiodor Dostoïevski ses *Souvenirs de la maison des morts*. À Paris, un jeune inconnu de trente-quatre ans nommé Jules Verne envoie à l'éditeur Pierre-Jules Hetzel un manuscrit intitulé *Un voyage en l'air*, qui sera publié l'année suivante sous le titre *Cinq semaines en ballon*. La Russie abolit le servage quelques mois avant qu'Abraham Lincoln ne proclame l'émancipation des esclaves. Le Dignois Alphonse Beau de Rochas dépose le brevet du moteur à quatre temps, Claude Debussy et Auguste Lumière naissent.

Le matin du 15 avril de cette année-là, quelques jours seulement après la très meurtrière bataille de Shiloh, Emily Dickinson s'assied à la petite table de sa chambre à l'étage de la maison familiale d'Amherst, face à la fenêtre d'où elle dispose d'une vue plongeante sur la pelouse, les arbres et les prairies au loin. Tout est calme et paisible. Le monde est une bulle de savon. Les rayons obliques du soleil effleurent les brins d'herbe et les feuilles frémissantes, emperlées de rosée. Elle saisit une feuille de papier, une plume, de l'encre, un buvard, et écrit à l'auteur de l'article lu quelques jours plus tôt dans *The Atlantic Monthly* – l'essayiste Thomas Wentworth Higginson. Sa lettre, à laquelle elle joint quatre poèmes, est assez brève et commence ainsi : "Mister Higginson, Êtes-vous trop occupé pour dire si mes Vers sont vivants ?" *("Are you too deeply occupied to say if my Verse is alive?")*

Apparemment il ne l'était pas, car il lui répondit tout de suite.

*

J'ai rencontré Thomas Wentworth Higginson il y a une vingtaine d'années, dans un petit livre qui rassemblait un choix de lettres et de poèmes d'Emily Dickinson. Parmi les lettres figuraient quelques-unes qu'elle avait écrites à ses petites-cousines Norcross, et l'intégralité de celles adressées à Higginson, entre ce jour d'avril 1862 et 1886, l'année de la mort d'Emily. Vingt-quatre années de correspondance, une centaine de poèmes envoyés, une affection sincère entrecoupée de longues plages de silence et, malgré une incompréhension manifeste, au départ, du véritable génie – mais pas de la singularité – de cette poésie, la publication posthume par Higginson des poèmes d'Emily, grâce à quoi nous pouvons les lire aujourd'hui. Le traducteur de ce recueil n'était pourtant pas tendre avec lui, le qualifiant de "gandin", de "bellâtre", de "mufle", et stigmatisant sa "bêtise", tout cela sans doute parce qu'il n'avait pas été, dès la première lettre, *instantanément* subjugué par la singularité géniale de la poésie d'Emily – lui conseillant même de ne pas la publier dans l'immédiat –, qu'il n'avait pas, lui l'homme sans doute un peu trop de son temps, partagé *instantanément* l'engouement des lecteurs du siècle suivant. Cela me paraissait un peu facile. Je me disais qu'il ne fallait peut-être pas trop accabler Higginson sur ce point : on pourrait tout aussi bien se demander quelle aurait été la réaction immédiate de ses exacts contemporains, Flaubert par exemple, et même (ou surtout) Baudelaire, à la lecture de ces poèmes d'une inconnue, si singuliers, si surprenants, si éloignés de tout ce qui dessinait alors le champ poétique en général. De plus, Higginson ne les avait pas rejetés, loin de là : il avait dès le départ été touché, intrigué, puis sincèrement admiratif, le lui avait d'ailleurs écrit, avait maintenu sa correspondance avec elle pendant un quart de siècle, et avait en tout cas suffisamment apprécié ses poèmes pour les faire publier après sa mort, lui assurant par là la reconnaissance posthume qui la place aujourd'hui au panthéon des poètes américains. M'étant par la suite un peu documenté sur le bonhomme, j'avais lu qu'il avait été, en outre, pasteur unitarien, mais aussi militant pour l'égalité des droits des femmes, activiste et combattant abolitionniste, allant jusqu'à prendre d'assaut le palais de justice de Boston pour faire libérer un Noir injustement emprisonné, avait appartenu à une société secrète, les Secret Six, qui finançait et favorisait les mouvements antiesclavagistes, qu'il avait été un colonel dirigeant le premier régiment noir de la guerre de Sécession, et qu'il avait, pendant le conflit, patiemment recueilli les negro-spirituals chantés par ses troupes, les avait assemblés et fait publier, leur permettant d'être reproduits, lus, chantés, et leur assurant ainsi une postérité qui, sans cela, leur aurait peut-être été refusée. Il avait en outre connu Emerson et Thoreau, et avait approché, à la fin de sa (relativement longue) vie, Jack London et Upton Sinclair, soutenant leur projet de créer une Internationale socialiste. Un tel homme me paraissait, au bas mot, intéressant, et en tout état de cause assez peu correspondre aux épithètes très désobligeantes que j'avais lues sur lui. Ainsi m'est venue l'idée d'essayer de lui rendre justice. C'est le livre que voici.

I

LES ENFANCES DE WENTWORTH

Bien des années plus tard, lorsqu'il présentera la publication de sa correspondance avec Emily, Thomas Wentworth Higginson écrira : "Le 16 avril 1862, j'ai retiré au bureau de poste de Worcester, Massachusetts, où je vivais alors, la lettre suivante" – le lendemain de la rédaction de ladite lettre, donc. Même si les deux localités n'étaient séparées que de quatre-vingts kilomètres, on peut en déduire que les services postaux s'étaient considérablement améliorés depuis que Herman Melville avait fait paraître, quinze ans plus tôt dans le *Yankee Doodle*, sorte de *Canard enchaîné* de l'époque, un texte ironiquement à charge contre Cave Johnson, membre démocrate du Congrès et directeur général des Postes, dont les services étaient particulièrement, et presque comiquement, chaotiques et inefficaces.

Ce jour-là, avant de se rendre au bureau de poste, Higginson était au lycée de Worcester où il animait et présentait une compétition de gymnastique au cours de laquelle des jeunes filles effectuaient divers exercices, dont celui qui consistait à soulever des haltères en bois. Difficile d'imaginer un plus grand écart que celui-ci : une assemblée de jeunes sportives en sueur d'un côté, la pâle, frêle et recluse Emily Dickinson de l'autre. C'est que Thomas Wentworth Higginson, alors à peine quadragénaire, grand lecteur et par ailleurs écrivain ayant publié à ce moment-là trois essais sur des insurrections d'esclaves, était d'une part un homme public, pasteur parfois discuté pour son excentricité et notable de la petite ville dans laquelle, depuis quelques années et pour quelques années encore, il vivait avec son épouse, la délicate et souffreteuse Mary ; d'autre part un militant, activiste antiesclavagiste et défenseur de la cause des femmes ; et enfin un homme fort soucieux de la bonne santé du corps, prônant la tempérance et encourageant l'exercice physique, qu'il ne cessera de pratiquer lui-même régulièrement, et ce jusqu'à sa mort, à l'âge avancé de quatre-vingt-huit ans. "J'ai grimpé une corde raide à la seule force de mes bras. Je ne connais pas d'autre homme de cinquante ans qui puisse en faire autant ici", écrira-t-il par exemple un jour de 1871 – n'omettant pas au passage de se vieillir un peu, vu qu'il n'avait pas encore cinquante ans, mais moins de quarante-huit. Car l'homme, il faut bien le dire, était assez coquet.

Il se prénommait Thomas, mais tout le monde l'appelait Wentworth. Tout le monde, c'est-à-dire ceux qui ne l'appelaient ni "Mister Higginson", ni "Révérend Higginson", ni "Colonel Higginson" à partir de 1864, ni "Maître", comme le fera Emily Dickinson dans nombre de ses lettres – autrement dit pas grand monde en réalité, sauf sans doute ses parents lorsqu'il était jeune, sa femme Mary peut-être, mais on n'en sait rien, sa deuxième femme peut-être, Mary également, qu'il surnomma Minnie pour marquer la différence avec la première, mais on n'en sait rien non plus, et, j'imagine, quelques amis, bien qu'au fond il n'en eût pas tant que cela.

Il était né en 1823 à Cambridge, Massachusetts, dernier enfant d'une fratrie de dix – ce qui était à peu près la norme à cette époque où ceux qui atteignaient l'âge adulte n'étaient pas si nombreux. Son père, Stephen Higginson Jr, était un riche marchand de Boston, un homme charitable, généreux (trop, disait sa femme Louisa), et philanthrope. Avant la naissance de Wentworth, il possédait des chevaux, plusieurs propriétés, ainsi qu'une riche bibliothèque. La famille appartenait à l'Église unitarienne, cette branche du protestantisme qui refuse le dogme de la Trinité et se revendique de la Réforme protestante radicale – mais elle était généreuse et ouverte, et participait aussi à des collectes pour des églises catholiques, en cette époque où les tensions inter-religieuses étaient pourtant vives. En 1812, au début de la guerre anglo-américaine où allait notamment s'illustrer un capitaine nommé John Cleves Symmes Jr, lui aussi père de dix enfants et futur théoricien de la "Terre creuse", Stephen Higginson, qui n'était pas militaire, avait quant à lui suivi un chemin radicalement opposé, puisqu'il s'était trouvé presque ruiné et avait dû vendre sa bibliothèque et ses propriétés. La famille avait alors quitté Boston pour la campagne, et s'était établie dans la petite ville de Cambridge. Là, Stephen Jr s'était davantage encore engagé dans l'Église unitarienne. Toujours très impliqué, toujours très généreux, il faisait office de tuteur pour les étudiants de Harvard, gérait leur argent et leur procurait de la nourriture, aussi bien que du bois pour se chauffer. Son épouse Louisa disait parfois qu'il serait prêt à offrir sa femme et ses enfants à quelqu'un qui n'en aurait pas. C'est dans cette atmosphère unitarienne, charitable, policée, bienveillante et dévouée, sans éclat particulier, que naquit Wentworth, deux jours avant Noël 1823.

Sur sa petite enfance, il n'y a pas grand-chose à dire. Il grandit, forcit. Apprit à écrire et à lire : à onze ans il avait lu Walter Scott, Fenimore Cooper et deux romans de Jane Austen.

Cette année-là, 1834, fut marquée par deux événements, dont l'un l'impressionna beaucoup plus que l'autre. À la suite d'émeutes anticatholiques, le couvent des ursulines de Charlestown, non loin de Cambridge, fut incendié par une foule en colère. Dans la Nouvelle-Angleterre de cette époque, très marquée par le puritanisme protestant, les institutions catholiques, et tout particulièrement les couvents, étaient considérées par les anticatholiques comme des repaires d'immoralité et de corruption. On mesure mal aujourd'hui les tensions religieuses, politiques et sociétales de ce temps-là. L'établissement des ursulines de Charlestown notamment était perçu par les protestants de condition modeste comme un lieu où les catholiques et les riches unitariens ("les élites", dirait-on aujourd'hui) conspiraient contre eux. Diverses rumeurs ("complotistes", dirait-on aujourd'hui) enflèrent, attisant la haine et le ressentiment de certains et, le 12 août 1834, le couvent fut incendié et mis à sac. Wentworth, sa mère et quelques-uns de ses frères et sœurs, qui se trouvaient non loin de là, assistèrent aux scènes d'émeute et de pillage. Je le vois, enfant frêle, serré contre les jupes de Louisa, ses grands yeux bleu pâle écarquillés. Toute sa vie il en garda le souvenir terrifié – alors qu'il aura à peu près oublié le deuxième événement notable de cette année-là, à savoir, tout de même, la mort de son père. "Mon père est mort le 20 fév. 1834, écrira-t-il plus tard. Malheureusement j'étais trop jeune à cette époque pour ressentir très profondément cette perte." Il parlera de lui par la suite comme d'"un homme d'une gentillesse sans limites et quelque peu irréfléchie", rejoignant en cela le point de vue de sa mère désormais veuve.

Ce fut aussi cette année-là qu'il commença à tenir un journal, rite quasi quotidien auquel il ne dérogea que rarement, et ce jusqu'à ce que cela lui devînt impossible, quelques jours avant sa mort, soixante-dix-sept ans plus tard.

II

HARVARD

Il était calme et introverti. À treize ans il entra à Harvard. L'école baignait dans une atmosphère unitarienne qui l'ennuyait. Un jour, il fut puni pour avoir dormi pendant le sermon, les prières, les hymnes, les lectures, la proclamation et la bénédiction. En dehors des cours et des prières, les étudiants étaient comme tous les étudiants : agités, moqueurs, volontiers frondeurs. Lui ne fréquentait pas les groupes : il était considéré comme une sorte de paria qui ne participait à rien. Il ne buvait pas, ne faisait pas de farces, déplorait les bagarres et les émeutes d'étudiants (signant même une pétition contre), détestait le bruit, l'agitation, aimait les études et le sport. Le soir il s'endormait en pensant à sa mère qui lui manquait, à son frère aîné Francis, le médecin, bienveillant et généreux comme leur père, qui s'efforçait de venir en aide à la famille, à ses sœurs qui lui manquaient – surtout Anne, la plus âgée, la plus douce et la plus attentive, qui s'occupait de tous et qu'on surnommait "tante Nancy". Parfois, dans son premier sommeil, il se recroquevillait dans ses draps rêches pour échapper aux brèves visions de bâtiments en flammes, d'attroupements hurlants et de visages déformés par la haine qui le hantaient périodiquement et qui étaient en train de forger pour jamais son dégoût des mouvements de foule, des meutes, des sauvageries collectives, des lynchages.

À quatorze ans il est le plus jeune de sa classe, traduit Hérodote et joue au football. Un de ses professeurs, le poète Henry Longfellow, lui enseigne la littérature et la langue française, ainsi que les auteurs allemands du XIXe siècle. Un autre, Edward Tyrrel Channing, la poésie grecque. Les Channing sont une grande famille de professeurs et d'érudits – celui-ci est l'oncle de celle qu'il épousera dix ans plus tard et du poète William Ellery Channing, qui deviendra le meilleur ami de Thoreau, et qu'Edgar Poe éreintera dans quelques-uns de ses articles. L'Amérique, du moins la Nouvelle-Angleterre, siège du pouvoir économique et culturel du pays, est, à cette époque, un tout petit monde.

Il fut vite passionné par l'oralité, le bien-parler, la rhétorique. Ce que l'on conçoit bien s'énonce clairement, aurait-il pu dire – d'ailleurs, peut-être le dit-il. Il aimait étudier, être parmi les meilleurs, convaincre, et surtout afficher ses réussites. Il était orgueilleux. À la fin de l'année 1838, il fit partie des huit premiers étudiants sur une classe de quarante-cinq, ce dont il se vanta dans son journal.

À seize ans, Wentworth était un grand jeune homme d'un peu plus d'un mètre quatre-vingts, très mince, dégingandé, un peu gauche et plutôt maladroit. On l'imagine assez semblable au jeune James Stewart de *The Philadelphia Story (Indiscrétions)* de George Cukor. Il pratiquait le football, le hockey et la natation. Son objectif était, écrit-il, de devenir "plus beau, plus large, plus droit, moins maladroit" – à quoi il ajoute curieusement : "avec des cheveux noirs et de petites mains". Le fait est qu'il commençait à accorder de l'importance à un point qui jusqu'alors l'indifférait plutôt : son apparence physique. Il faut dire que c'est aussi cette année-là qu'il découvrit l'amour, et ceci explique sans doute cela.

Il y avait ces deux sœurs, Phebe et Hannah Adam, les filles d'un professeur de langues orientales. Les deux étaient identiquement jolies, quoique d'aspect différent, l'une blonde aux yeux noirs, l'autre châtain aux yeux verts, l'une assez petite, d'apparence presque frêle, l'autre plus ronde. Il avait connu Phebe, la blonde, lorsqu'ils avaient dix ans. Son surnom était alors "soupe au lait", ce qui donne une idée du tempérament de la jeune fille. Wentworth les contemplait en soupirant. Il minaudait, tentait quelques traits d'humour, jouait parfois l'indifférent, d'autres fois l'adulte responsable, mais n'osait pas déclarer sa flamme – et d'ailleurs, à laquelle ? Car il aimait bien, en fait, l'idée d'être amoureux des deux. Mais voilà, il fallait bien en choisir une. Phebe était plus âgée, plus dominatrice, plus expérimentée, plus mûre, et il la connaissait un peu mieux. Ce serait donc elle. Mais il resta à distance, n'osant pas être trop direct. Il lui fallait une *stratégie*. Comme il ne se sentait pas aussi agréable, gai, gracieux, beau et élégant que d'autres étudiants, il misa tout sur son intellect.

Il envisagea de gagner des prix pour la séduire – par exemple un de ces *"Bowdoin Prizes"* décernés chaque année à Harvard –, ou d'entrer dans la prestigieuse fraternité d'étudiants Phi Beta Kappa, dont avaient fait partie le président John Quincy Adams, Henry Longfellow, Nathaniel Hawthorne, Ralph Waldo Emerson, Mark Twain, et dont feront partie plus tard Henry James, Franklin D. Roosevelt, Pearl Buck ou John Dewey, et encore plus tard Condoleezza Rice, Frank Oppenheimer, ou Jeff Bezos. Il lui fallait *l'épater*. Aujourd'hui cela peut sembler surprenant, mais à cette époque-là, je le précise au cas où un représentant de la jeune génération lirait ces lignes, paraître littéraire et sentimental était une assez bonne manière d'attirer les filles.

Un jour, donc, il se décide : il écrira une lettre anonyme au *Boston Post*, en espérant 1. qu'elle sera publiée, 2. que Phebe la lira, 3. qu'elle la trouvera émouvante et remarquable, 4. qu'il lui révélera ensuite qu'il est l'auteur de la lettre et elle son objet, et 5. qu'il paraîtra ainsi à ses yeux littéraire, brillant et doué. Car Wentworth, de fait, sait écrire. Il sait manier la rhétorique, former élégamment les phrases, alterner les sonorités, produire des *effets*. Et voici, la lettre est publiée : "Où que j'aille, je la vois – là ! là, elle passe maintenant devant ma fenêtre – je dois m'envoler et me réfugier derrière la bibliothèque… etc."

Mais Phebe ne la lit pas, en tout cas pas avant que d'autres étudiants ne l'aient eux-mêmes lue, en aient identifié l'auteur, et se soient bruyamment moqués de lui. C'est un fiasco complet. James Stewart est tout penaud – il en est même blessé. La stratégie a échoué. Du reste, se consola-t-il par la suite – car le jeune homme, qui avait du tempérament, possédait déjà cette capacité qu'il conservera toute sa vie, celle de "rebondir", comme on dit, d'aller de l'avant sans s'appesantir sur les contrariétés, si douloureuses ou vexantes fussent-elles –, du reste, se dit-il plus tard, elle n'aurait servi à rien : peu de temps après la publication de la lettre, le père de Phebe et Hannah Adam obtient un poste en Europe, et la famille quitte le pays. Il ne reverra plus Phebe.

Il s'était tout de même fait un ami à Harvard : un certain Francis Parker, qui était plus âgé et plus brillant que lui, et qu'il admirait. Parker avait une bonne nature :

il était d'un tempérament franc, ouvert, enthousiaste, et ne profitait pas de la domination qu'il exerçait sur son jeune ami. Mais Wentworth décida de s'éloigner progressivement de lui – ce fut une décision, et non un délitement naturel de la relation amicale. L'épisode Phebe lui avait fait prendre conscience d'un fonctionnement intime auquel il comprit assez vite qu'il lui faudrait remédier : le goût de la dépendance. Il avait été le plus jeune de sa famille, puis de sa classe ; le camarade admiratif de Parker, puis le jeune énamouré de la plus mûre et plus adulte Phebe. Il estima soudain nécessaire, voire vital, d'assumer dans le futur un certain degré d'indépendance et de domination, sous peine de disparaître à lui-même.

Il décida donc de s'affirmer. Commença par se mettre à fumer des cigares, symbole pour lui de sa nouvelle virilité. Dans le même temps, il se rebella contre l'école, et contre sa mère qui, lors de ses visites, lui faisait la leçon. Dans le courant de l'année 1840, à dix-sept ans donc, il tomba fréquemment malade, ou le prétendit. Il n'assista plus aux prières quotidiennes. Il s'intéressait à présent aux filles plus jeunes que lui, qu'il pensait pouvoir séduire et impressionner – et plus à de forts caractères comme Phebe. Il choisit la même orientation dans ses relations amicales. Il voulait être davantage reconnu, admiré.

Ce besoin éperdu de reconnaissance n'est probablement pas étranger à ce qui formera l'essentiel de sa vie publique, à savoir le combat politique et l'activisme antiesclavagiste. Même s'il n'y a pas véritablement de mauvaises raisons à faire les bons choix et à combattre du bon côté, il peut y avoir des tendances intimes qui éclairent certaines décisions plutôt que d'autres, et bâtissent une personnalité. Une forme de paternalisme bienveillant, par exemple, était à cette époque une attitude commune et assez fréquente, tant dans la sphère publique et politique que privée. Les militants abolitionnistes, que Wentworth ne fréquentait pas encore, n'en étaient pas exempts : s'ils avaient la conviction absolue que les Noirs devaient être libres, s'ils se battaient sincèrement pour cette cause, cela ne les empêchait pas de les considérer majoritairement comme de grands enfants, naïfs, crédules, simples et dociles, qui roulaient de grands yeux blancs en souriant de toutes leurs dents – des créatures assez pittoresques, pour tout dire. Le naturel indiscutablement généreux de Wentworth, hérité de son père, devait œuvrer avec efficacité, mais aussi s'afficher comme tel, car il aspirait à ce qu'il fût reconnu. Un jour, il écrivit avec condescendance : "J'ai donné 50 cts à mon vieil ami noir" – un affranchi qui faisait la manche non loin de l'école, et qui n'était probablement pas son "ami". Et comme personne n'était là pour apprécier à sa juste mesure la bonté de son geste, il écrivit, au dos du cahier, pour lui seul, neuf fois le mot "Africain" et le souligna en écrivant treize fois son propre nom.

En 1841, Thomas Wentworth Higginson, dix-huit ans, est enfin diplômé de Harvard. Il accepte un travail de chargé de cours dans une école privée à Jamaica Plain, à quatre dollars la semaine. Mais il se lasse vite. Au bout de quatre mois, il décide d'abandonner et de devenir précepteur, à Brookline (petite ville près de Cambridge, aujourd'hui un quartier de Boston – où naîtrait, soixante-seize ans plus tard, John Fitzgerald Kennedy) –, des trois enfants d'un cousin, Stephen Higginson Perkins, un marchand philanthrope, défenseur des immigrants miséreux, multipliant notamment les démarches pour obtenir du gouvernement qu'il leur attribue des terres à l'Ouest, dont ils le rembourseraient plus tard. Ses idées réformistes et protestataires auront une influence déterminante sur le jeune Wentworth – tout comme le fait que Perkins invite un jour chez lui sa nièce, Mary Channing, âgée de vingt-deux ans : celle qui deviendra sa femme.

Le père de Mary, William Henry Channing (frère du Channing qui avait été le professeur de Wentworth à Harvard), était un médecin libéral et très engagé dans les problématiques sociales. Il prônait l'abolition immédiate de l'esclavage, le pacifisme, la tempérance et l'aide aux miséreux. L'époque, il faut le dire, était tout sauf tendre pour les plus faibles, et pas uniquement outre-Atlantique. Cette même année 1841, en France par exemple, il n'y avait pas d'esclaves, mais des conditions de travail qui n'avaient parfois pas grand-chose à envier à l'esclavage. En mars, on votera une loi réglementant le travail des enfants dans l'industrie, afin d'assurer leur protection : travail interdit pour les moins de huit ans (ce qui sous-entend que jusqu'en mars 1841 cette tranche d'âge travaillait), limité à huit heures par jour pour les huit-douze ans (ce qui sous-entend que, etc.), à douze heures pour les douze-seize ans, et autorisé la nuit à partir de treize ans seulement. Ces mesures étaient considérées comme un grand progrès – du reste, elles en étaient un.

C'est peu dire en tout cas que les idées de son futur beau-père, au moins autant que celles de son cousin, influencèrent le jeune Higginson, dont le tempérament naturel prônait la générosité et le don de soi, et qui rêvait par ailleurs de s'engager dans une noble cause. Il partagea leurs indignations, leurs idées et leurs combats. Il devint notamment sensible à la condition des Noirs après avoir assisté, un jour à Baltimore, à une vente publique d'esclaves. La condition des Noirs ne lui paraissait d'ailleurs pas meilleure dans le Nord que dans le Sud. Nombreux étaient ceux qui, au Nord, condamnaient l'esclavage tout en étant opposés à son abolition immédiate. Ce sera d'ailleurs, jusqu'au début de la guerre de Sécession, la position d'Abraham Lincoln, dont le souci principal, on l'a dit, était que l'esclavage ne s'étendît pas dans les nouveaux territoires de l'Ouest, mais qui entendait, au départ, le maintenir tel quel dans le Sud. Channing, lui, était plus radical : il prônait l'abolition, tout de suite, et partout. Wentworth était jeune, avide de savoir et d'engagement – une éponge. Comme il enseignait cinq heures par jour auprès de ses petits-cousins, il avait le temps de se documenter et de multiplier les discussions, le soir dans la grande maison de Brookline, avec son cousin Perkins, le révérend James Freeman Clarke, antiesclavagiste mais pas abolitionniste, son futur beau-père Channing et le frère de celui-ci, le professeur qui quelques années plus tôt lui avait enseigné la poésie grecque – des discussions passionnées sur le transcendantalisme, la religion libre et privée, les réformes sociales à entreprendre et la fin souhaitée de l'esclavage. Par ailleurs, il nourrissait une autre ambition : devenir poète et écrivain, et retourner étudier à Harvard en tant que *"nonmatriculated student"*. C'est ainsi qu'au cours de ces années-là se dessina la double orientation de sa vie future : la littérature, et le combat pour l'émancipation des Noirs.

En septembre 1843 il a vingt ans, il retourne à Harvard. Très vite, cela lui pèse. L'émulation de la ville et les discussions chez son cousin lui manquent. Il devient dépressif, solitaire, et par surcroît insatisfait de ses quelques tentatives en tant qu'écrivain. En fait, il se cherche. Ne sait plus trop ce qu'il veut. Devenir pasteur comme le révérend Clarke et le père de Mary ? Pourquoi pas. “Il y a sûrement une chose que je sais bien faire, il *doit* y en avoir une. Je la chercherai tant que je ne l’aurai pas trouvée”, confie-t-il à son journal.

En octobre, il prend une double résolution : il se fiance avec Mary Channing, et décide de devenir pasteur.

III

FORMATION ET REVERS

Et donc, à la fin de l'été 1844, Wentworth entre à la Harvard Divinity School pour devenir pasteur. L'école, très conservatrice, est peu adaptée à un jeune homme de vingt ans épris d'unitarianisme libéral et de réformisme social. Ce carcan devient rapidement pesant : Wentworth n'a plus treize ans, ni même seize. Ni même vingt. Il est moins docile, moins naturellement soumis, il voudrait faire valoir ses convictions et ne plus accepter aveuglément l'autorité. Mais voilà, il lui faut d'abord terminer sa formation de pasteur : contraint et forcé, il supporte. Il fait le dos rond. Cherche autour de lui des compagnons d'infortune, fréquente quelques autres jeunes gens épris comme lui de lecture de poésie et d'émancipation sociale – qui tous admirent Theodore Parker. Parker est un théologien réformateur de l'Église unitarienne, transcendantaliste et militant abolitionniste, dont les sermons habités inspireront Abraham Lincoln et, plus tard, Martin Luther King. Il est emporté, souvent excessif, et très violent dans ses discours – aujourd'hui on le qualifierait d'extrémiste radical. Comme Parker, Higginson prend position contre la guerre américano-mexicaine à venir, qui semble ne plus faire aucun doute depuis que les États-Unis ont autoritairement annexé le Texas quelques mois plus tôt : une victoire américaine, estime-t-il, ne ferait que répandre l'esclavage.

Ses opinions se précisent, se radicalisent. Il assiste à de nombreux meetings abolitionnistes, participe à des pique-niques abolitionnistes, enchaîne les réunions abolitionnistes : la question de l'esclavage, ou plutôt de sa suppression, est devenue pour lui *la* question essentielle, décisive, autour de laquelle *doit* se forger l'identité américaine, même s'il faut pour cela envisager, à terme, une partition du pays, comme certains, quinze ans avant la guerre civile, commencent déjà à le redouter. Dans le même mouvement, il renonce à devenir un grand poète : "Je dois me contenter d'apprécier la vie plutôt que de créer de la poésie, écrit-il. Les véritables combats sont ailleurs." Sage décision sans doute – à laquelle il dérogera cependant quelques années plus tard.

Un portrait photographique de lui à cette époque, probablement le premier dont on dispose, montre un jeune homme mince, les yeux pâles, les cheveux longs et noirs, vêtu d'une redingote claire boutonnée jusqu'au col, qui fixe l'objectif d'un air déterminé. Il ne ressemble plus vraiment au jeune, timide et dégingandé James Stewart.

En 1847, son double engagement prend forme : il prononce son premier sermon de pasteur unitarien, et épouse Mary Channing. Mary est une jeune femme très mince et plutôt raide, peu expansive, dotée d'un esprit aiguisé, d'un sens pratique à toute épreuve et d'un humour pince-sans-rire. Il a vingt-quatre ans, elle vingt-huit. Lors de son ordination, il invite son beau-père, le pasteur radical William Henry Channing, à prendre la parole. Le discours porte sur la charité envers les pauvres, l'éducation pour les illettrés, et surtout la liberté pour les esclaves : ce n'est qu'ensuite, tonne-t-il, l'air furibond, agitant les bras avec une telle fougue que les flammes des bougies vacillent, que pourra émerger une *véritable* fraternité chrétienne. Mary applaudit en souriant ; Wentworth en a les larmes aux yeux.

Les premiers prêches du révérend Thomas Wentworth Higginson sont dirigés contre la guerre au Mexique qu'ont engagée les démocrates. Les suivants, comme tous les autres ou presque, stigmatiseront l'indifférence du Nord envers les démons de l'esclavage. Il dénonce les whigs, représentants d'une droite libérale et progressiste qui appuient la candidature à la présidence du général Zachary Taylor, le héros de la bataille de Buena Vista de février 1847, très populaire dans le pays, et par ailleurs propriétaire d'esclaves. On ne sait pas si Wentworth eut l'occasion de lire, entre juillet et septembre 1847 dans le *Yankee Doodle*, une série de textes humoristiques et ironiques de Herman Melville au sujet précisément de Zachary Taylor, intitulés "Authentic Anecdotes of Old Zack" ("Anecdotes authentiques au sujet du vieux Zack") – à vrai dire, on imagine assez mal le jeune révérend Higginson lire le *Yankee Doodle*. L'eût-il fait, et à compter qu'il eût retenu le nom de l'auteur, il en aurait peut-être gardé un fond de sympathie pour Melville, ce qui ne semble pas être le cas non plus : plus tard il le considérera comme un écrivain mineur, trop peu favorable aux progressistes réformateurs, et trop insistant sur les zones troubles et les ambiguïtés de l'esprit humain. Car bien qu'il entretînt plus tard, et pendant vingt-quatre ans, une correspondance avec Emily Dickinson, bien qu'il lût et admirât, tout en étant parfois déconcerté, la centaine de poèmes qu'elle lui avait envoyés, puis des centaines d'autres après sa mort, et en fût suffisamment saisi et admiratif pour les faire publier, Thomas Wentworth Higginson n'en restait pas moins avant tout un homme de son temps, littérairement conventionnel et artistiquement peu audacieux qui, comme à peu près tout le monde à l'époque, passa complètement à côté de ses exacts contemporains (nés quatre ans avant lui) Herman Melville, dont il trouvait qu'il n'avait somme toute écrit que des récits d'aventures et autres "breuvages insipides", et Walt Whitman, dont il estimait qu'il lui manquait "le contrôle stylistique requis pour un poète". Sur Melville il ne modifiera jamais son point de vue ; pour ce qui concerne Whitman en revanche, si, demandant même à la fin de sa vie qu'un extrait d'un de ses poèmes figure sur sa pierre tombale.

Ces années-là, Wentworth se multiplie. Il prêche dans son église, participe à diverses réunions dans de nombreuses associations et sociétés antiesclavagistes. Il est jeune, passionné, persuadé de la justesse de ses idées. Veut enthousiasmer, soulever, convaincre. Cherche des appuis, des soutiens, des relais.

Pendant ce temps, à une centaine de kilomètres à l'ouest, la jeune Emily Dickinson, dix-sept ans, entre au Mount Holyhoke Female Seminary où, déjà rebelle, elle est la seule à refuser la conversion, c'est-à-dire la déclaration publique de foi ("Certains suivent le Sabbat en allant à l'église — Je le suis, en restant à la Maison", écrira-t-elle en 1852), et où, pour la première et dernière fois de sa vie, on lui tire le portrait. Je l'ai sous les yeux tandis que j'écris ceci. Elle est assise de face, vêtue d'une robe noire avec une petite collerette blanche ; un ruban autour du cou ; le bras droit appuyé sur une table recouverte d'une nappe où se trouve un livre fermé ;

la main gauche tenant un petit bouquet ; les cheveux, séparés par une raie médiane, tirés en arrière et recouvrant les oreilles jusqu'au lobe ; une bouche charnue, légèrement prognathe, qui dissimule peut-être, se dit-on, de grandes dents ; les yeux noirs et un regard dont on ne saurait dire s'il est perplexe ou légèrement amusé. Elle a l'air frêle – elle l'est : "petite comme le Roitelet", se décrira-t-elle dans sa troisième lettre à Higginson, à quinze années de là, en juillet 1862. C'est la photo que tout le monde connaît, la seule qu'on ait d'elle – celle que l'on trouvera au siècle suivant sur tous les livres, mais aussi tous les médaillons, mugs, magnets et autres porte-clés qui sont vendus aujourd'hui au petit guichet de la maison d'Amherst, où une charmante et souriante vieille dame vous guide, s'arrêtant par moments dans telle ou telle pièce pour réciter son Emily en fermant les yeux et minaudant à l'extrême. Ni le photographe ni la photographiée ne pouvaient bien entendu se douter de la postérité de cet unique cliché ; mais Emily eût-elle eu l'intuition d'une telle postérité, ou en eût-elle même caressé le vague désir, cela n'aurait probablement rien changé, et cette photographie serait peut-être demeurée la seule. Déjà, les occasions de se faire tirer le portrait n'étaient pas si nombreuses ; et puis, comme bien d'autres à cette époque, Emily était relativement méfiante, ou du moins circonspecte, vis-à-vis de la photographie. Lorsque, une quinzaine d'années plus tard, trois mois avant sa première lettre à Wentworth, le révérend Edward S. Dwight lui enverra la photo de sa femme qui venait de mourir, elle lui répondra : "Vous avez pensé que le portrait « pourrait me rappeler mon ancienne amie ». Je pense qu'elle est encore plus mon amie – aujourd'hui – alors que je ne la vois pas – (…) Je vous remercie pour le visage – dont son souvenir n'a nul besoin.” Herman Melville, lui, était plus catégorique : “Le fait est que presque tout le monde fait graver sa « fiole » aujourd’hui ; de sorte que cette marque de distinction commence à s’inverser ; et qu’en conséquence, voir la « fiole » de quelqu’un dans un magazine donne à présumer qu’il est un zéro… je refuse respectueusement d’être réduit à l’oubli”, écrira-t-il en 1850.

IV

DISTANCES

C'est à partir de 1848 que l'auditoire du pasteur Thomas Wentworth Higginson commence à s'éloigner poliment, mais de plus en plus fermement, de lui. Cette sourde contestation lui devient chaque jour plus difficile. Il tiendra deux ans.

Tout d'abord, il invite un esclave fugitif, William Wells Brown, à venir parler dans son église, et prononce ensuite un sermon virulent contre l'esclavage. La congrégation, réservée, écoute, sans toutefois adhérer pleinement à ses opinions antiesclavagistes. Parallèlement, ses sermons se font de plus en plus politiques, surtout contre le parti whig et la candidature de Taylor à la présidence. Il décide de soutenir le Free Soil Party (Parti du sol libre), éphémère formation politique constituée d'anciens membres des partis whig et démocrate (le Parti républicain n'existe pas encore), dont le but principal était de s'opposer à l'expansion de l'esclavage dans les nouveaux États de l'Ouest, sans être toutefois abolitionniste : demeurant favorable au maintien de l'esclavage dans les États où il existait déjà (plus ou moins la position de Lincoln). Néanmoins, c'était le seul parti qui faisait de l'esclavage une notion prioritaire. Ce qui, selon Wentworth, était un pas, fût-il modeste, dans la bonne direction.

En novembre, Theodore Parker intervient dans son église, se présentant comme "l'homme le plus détesté d'Amérique" en raison de ses prises de position radicales. La congrégation, une fois de plus, désapprouve poliment, gênée par sa présence – l'homme en effet sent le soufre – et par la virulence de son discours. Zachary Taylor est élu le 7 novembre, et Wentworth prononce à cette occasion un sermon plutôt violent, vilipendant le nouveau président porté au pouvoir par les partisans de l'esclavage, et dénonçant le whiggisme comme étant égoïste, matérialiste et esclavagiste. Ce sermon, qui sera publié en tant que pamphlet dans le journal local, est considéré par ses paroissiens, majoritairement whigs, comme excessif, maladroit et choquant, voire insultant.

Peu de temps après, au printemps 1849, il prend fait et cause pour un Noir, George Hannewell, accusé de meurtre – il a brûlé la maison de ses parents – et condamné à mort. Il entrera en contact avec l'avocat, rencontrera l'accusé, demandera qu'on plaide pour lui l'acte involontaire – le désir d'effrayer, pas de tuer – mais les arguments de la défense ne suffisent pas, et Hannewell est exécuté. Là encore, ses paroissiens ne comprennent pas ce qu'ils estiment être l'acharnement de leur pasteur à défendre les Noirs quelles que soient les circonstances, et ils commencent à se détourner de lui.

Un soir de début octobre où le temps était inhabituellement frais et humide, si bien qu'il avait fallu faire une flambée dans la petite maison de Cambridge, le jour même où, à quelques centaines de kilomètres de là, Edgar Allan Poe était ramassé dans une rue de Baltimore à demi-inconscient et vêtu, au lieu de son élégant costume noir habituel, d'une vieille et informe gabardine beige, d'un pantalon chiffonné, d'un pauvre chapeau, d'une chemise souillée et de chaussures usées, puis transporté d'urgence à l'hôpital où il ne cessera de réclamer au Dr John Joseph Moran la présence d'un certain Jeremiah Reynolds avant de mourir quatre jours plus tard – ce soir-là donc, Wentworth confie à sa femme Mary, peu après dîner, alors que tous deux sont assis face à l'âtre, elle lisant un roman de Charles Dickens, lui tentant de se concentrer sur un essai politique, qu'il commence à avoir des doutes sur sa vocation. Même, ajoute-t-il, il envisage d'abandonner sa charge de pasteur. Tous ses paroissiens le jugent trop radical, il rencontre trop d'oppositions, et ses discours ne convainquent plus – s'ils ont jamais convaincu. Il est accablé. Mary, toujours réservée, ne l'encourage pas vraiment, mais lui dit qu'elle comprend et l'appuiera quelle que soit sa décision. Quelques jours plus tard, celle-ci est prise.

Son dernier sermon a lieu en mars 1850 : il tente de se justifier une dernière fois auprès de ses paroissiens, admettant être trop réformiste pour une société pro-esclavagiste – ce qui n'est pas vraiment une justification. À la suite de quoi il quitte définitivement sa paroisse. Il continue à donner des conférences pour quinze dollars environ – quand les stars de l'époque, Emerson ou Theodore Parker, en réclament vingt-cinq. Le couple s'installe dans une région rurale, chez une parente, Mary Curzon, près d'Artichoke Mill, au nord de Boston.

Le pays vit une sourde ébullition, pour l'instant contenue. Au sud, à l'est, esclavagistes et abolitionnistes se considèrent à distance, les poings serrés. À l'ouest, la Californie bouillonne sous l'arrivée de dizaines de milliers d'immigrants attirés par la soif de l'or.

Pendant ce temps, la jeune (vingt ans) Emily Dickinson publie en février son premier poème, une *"valentine"* – message d'amitié pour la Saint-Valentin dans *The Amherst Journal.*

V

THOREAU

Un jour de 1849, dans le cadre paisible et champêtre de la petite maison d'Artichoke Mill, aujourd'hui appelée Curzon's Mill, du nom de la famille de sa propriétaire, sur la rivière Artichoke, Wentworth lit *Sept jours sur le fleuve*, de Henry David Thoreau, l'ami de son beau-frère Ellery, cet énergumène "qui vit seul dans les bois avec vingt-trois cents par semaine dans une cabane qu'il a construite lui-même", écrit-il. "Qui vivait", aurait-il d'ailleurs dû écrire, car Thoreau avait quitté sa cabane trois ans plus tôt. Quoi qu'il en soit, cette lecture lui est une révélation, et il décide d'aller lui rendre visite chez lui, à Concord.

Six ans auparavant, Ralph Waldo Emerson avait acheté un terrain autour de l'étang de Walden, Walden Pond, qui est en fait plutôt un lac (lac, étang, c'est un peu la même chose, disons qu'un lac est plus vaste et plus profond, or celui de Walden a une superficie de vingt-cinq hectares et, tout de même, trente-trois mètres de profondeur). Le terrain se situait à moins de trois kilomètres de cette petite ville de Concord où était né et vivait son ami Thoreau, et où lui-même habitait depuis 1835 – Louisa May Alcott, future auteure des *Quatre Filles du docteur March*, y avait aussi vécu, jusqu'en 1843. Emerson avait mis le terrain à disposition de son ami, qui voulait s'isoler pour écrire. En mars 1845, Henry David Thoreau y avait bâti une petite cabane de pin, un ermitage d'environ trois mètres sur quatre situé à l'extrémité nord de l'étang, ou du lac, à une cinquantaine de mètres de la rive et légèrement surélevé par rapport à elle – à peine plus grand que celui dans lequel le moine Kamo no Chômei s'était retiré sept siècles plus tôt, au sud de Kyoto, pour fuir les ravages de la guerre et les tourments du monde. Il y vivra deux ans en autarcie, plantant des pommes de terre, des fèves, du maïs – mais pas dans l'isolement complet, de nombreux amis (parmi lesquels le frère de Mary, Ellery) venant lui rendre visite, et lui-même se rendant souvent à Concord pour voir ses parents et proches. *Walden ou la vie dans les bois* retrace cette expérience, et c'est aussi dans la cabane de Walden qu'il commencera la rédaction de *Sept jours sur le fleuve*, qu'il publiera à compte d'auteur et dont la lecture impressionnera, quelques années plus tard, dans un petit cottage au bord de la rivière Artichoke, l'ex (et futur) pasteur Thomas Wentworth Higginson.

En juillet 1846, Thoreau avait refusé de payer ses impôts (six ans d'arriérés, ce n'est pas rien) à un État qui, disait-il, pratiquait l'esclavage et menait une guerre injuste contre le Mexique. Il avait été emprisonné une nuit, libéré grâce à la caution qu'avait payée une de ses tantes. Cet épisode avait nourri son concept de "désobéissance civile", qu'il avait exprimé dans un essai politique publié en 1849. En septembre 1847, il quitte Walden Pond et retourne vivre à Concord, chez Emerson, jusqu'en juillet 1848, pendant que le philosophe effectue un long voyage en Europe. Dans une lettre écrite peu après avoir quitté sa cabane, il se décrit ainsi : "Je suis Maître d'école – Professeur particulier, Géomètre – Jardinier, Agriculteur – Peintre, je veux dire Peintre en Bâtiment,

Charpentier, Maçon, Journalier, Fabricant de crayons, Fabricant de papier de verre, Écrivain et parfois Rimailleur." Ensuite il retourne chez ses parents et travaille dans la fabrique de crayons de son père. C'est là que Thomas Higginson viendra le rencontrer, le 5 juin 1850.

À Concord, aujourd'hui, l'industrie touristique a récupéré les gloires locales, comme c'est le cas partout, du Prague de Kafka au Salzbourg de Mozart. La rue principale regorge de magasins d'antiquités (Thoreauly Antiques, Walden Street Antiques) ou de souvenirs (Walden Souvenirs), et comme la ville n'est pas très grande, on peut aller à pied en quelques minutes de la grande maison de bois blanc d'Emerson à celle, tout aussi grande, mais jaune, de Hawthorne, en passant par celle, jaune également, mais plus petite, de Louisa May Alcott, qui auparavant avait été celle de Thoreau (l'Amérique, du moins la Nouvelle-Angleterre, siège du pouvoir économique et culturel, est, à cette époque, un tout petit monde, *bis*). En dehors de la ville, dans le cimetière de Sleepy Hollow, on peut voir notamment les tombes des familles Hawthorne, Emerson, Alcott, ou Thoreau, mais aussi celle d'Ellery Channing, le beau-frère de Wentworth. Devant celles de Thoreau et de Hawthorne, des crayons et des stylos sont régulièrement déposés, selon une coutume à présent assez répandue – comme, un peu plus au nord, sur la tombe de Jack Kerouac à Lowell, où l'on prend soin cependant d'ajouter quelques bouteilles de scotch (vides).

Lorsque Higginson arrive à Concord, un bourg de 2 200 habitants à l'époque, Thoreau est avec son père, occupé à fabriquer des crayons. C'est un homme de trente-deux ans, cinq de plus que Wentworth, pas très grand (1,70 mètre), noueux, le teint mat de ceux qui vivent au grand air, un nez proéminent et les yeux bleu délavé. "Un petit homme carré et bronzé", écrira Wentworth *("little bronzed square man")* – lequel ne lui est pas inconnu : Emerson lui avait parlé de lui. L'un et l'autre se montrent très cordiaux, et passent un long moment ensemble. Ils parlent de leur ami et beau-frère Ellery Channing, des livres d'Emerson, de l'expérience relatée par Thoreau dans son livre sur la descente du fleuve Merrimack et de la rivière Concord, des deux ans, deux mois et deux jours qu'il a passés dans sa cabane des bords de l'étang de Walden, d'ornithologie, de la guerre au Mexique, des élections à venir, et surtout de l'horreur qu'est pour eux l'esclavage. Ils sont d'accord sur à peu près tout. Cependant, quelque chose les sépare, qui les empêchera de se revoir aussi longuement à nouveau, même s'ils se recroiseront – Higginson l'invitera par exemple à prononcer une conférence à Boston en avril 1852, qui tournera d'ailleurs au fiasco en raison d'une tempête de neige qui dissuadera le public de venir, et il viendra lui rendre visite, dix ans plus tard, lorsqu'il sera malade, quelques mois avant sa mort. Pour dire les choses simplement, ils ne sont pas du même monde – pas formés dans le même moule. Pour Thoreau, Higginson est trop citadin, trop policé, trop élégant, pas assez simple dans ses manières – c'est un reproche qu'on lui fera souvent. Higginson quant à lui juge Thoreau trop rustique, et pas assez sociable – il préfère de loin le plus grégaire Emerson. Et puis, le contact direct avec la nature, s'il est primordial pour l'un, est moins nécessaire à l'autre. Pour Higginson, la nature a des effets soporifiques sur l'homme trop proche d'elle, et peut le conduire à la paralysie, à la fin du désir d'agir. Il ne pensera pas toujours de la sorte : à plusieurs reprises au cours de sa vie militante il aura besoin de retrait, d'apaisement, de calme, et c'est dans la fréquentation et la contemplation de la nature qu'il les trouvera – et même dans les écrits de Thoreau. Mais pour l'heure, c'est bien l'action qui lui importe, et non la contemplation. Et l'action, c'est, entre autres, le combat politique. Dont les motifs ne manquent pas.

VI

TROIS ÉVASIONS (TROIS HISTOIRES)

Cette année-là entra en vigueur ce qu'on appela le compromis de 1850, qui visait à maintenir l'équilibre au Sénat entre États esclavagistes et non esclavagistes. La Californie s'apprêtant à entrer dans l'Union, il fut décidé qu'en échange, les États du Nord s'engageraient à restituer à ceux du Sud tout esclave fugitif – ce que l'on appela le Fugitive Slave Act. La loi, que certains jugeaient inconstitutionnelle, voire scélérate, étant rétroactive, tous les esclaves ayant fui le Sud avant son adoption furent menacés d'être renvoyés à leurs anciens propriétaires. À Boston par exemple, un couple d'esclaves qui avaient fui en 1848, Ellen et William Craft, se trouvèrent ainsi menacés. Higginson prit fait et cause pour eux, n'excluant pas l'action violente : "Nous haïssons les effusions de sang, mais pour le cas qui nous occupe, il est difficile de déterminer où peut s'arrêter un homme forcé de défendre ses droits inaliénables", écrivit-il. Ils parvinrent à émigrer en Angleterre, aidés par Theodore Parker, qui les cacha chez lui et qui, peu avant leur départ, les maria légalement.

L'année suivante, à la suite de l'arrestation et du procès du Noir fugitif Shadrach Minkins, jadis esclave en Virginie et premier homme jugé selon le Fugitive Slave Act,

Thomas Higginson rejoint le Boston Vigilance Committee, une organisation dont faisait notamment partie Theodore Parker, et dont le but était de protéger les esclaves fugitifs contre les poursuites, les captures et les restitutions à leurs anciens propriétaires. Minkins avait été condamné, puis libéré par la force, et son sauvetage autant que la mise en scène de sa fuite avaient été spectaculaires : une fois la sentence rendue dans la salle du tribunal, il avait été proprement soulevé de sa chaise et emporté par un Noir immense et athlétique nommé Lewis Hayden, qu'étaient venus aider d'autres Noirs. Ils étaient sortis ainsi du tribunal, Minkins trimballé à bout de bras, totalement stupéfait, et tous s'étaient rendus à Cambridge, acclamés sur le chemin par une foule grandissante de Noirs – puis, en suivant l'Underground Railroad, ce réseau de routes et de refuges destiné à aider les esclaves en fuite à quitter les États-Unis, ils avaient rejoint Concord, puis Sudbury, porte d'entrée du Canada, où Shadrach Minkins fonda plus tard une famille et ouvrit un salon de coiffure.

Presque aussi rocambolesque, mais avec une fin provisoirement moins heureuse, fut l'histoire de Thomas Sims. Cet esclave de Géorgie, âgé de vingt-trois ans, s'était échappé de sa plantation en février 1851 et avait réussi à atteindre le port de Savannah, où il s'était clandestinement introduit sur un bateau à destination de Boston, le *J. C. Gilmore*. On l'imagine, par une nuit sans lune, se dissimilant à fond de cale comme l'Arthur Gordon Pym d'Edgar Allan Poe dans la soute arrière du brick *Grampus*. Mais sa cachette n'était probablement pas aussi discrète ni aussi bien aménagée que celle de Pym, car il avait été découvert le 6 mars, peu avant l'arrivée à Boston. Il avait bien tenté de convaincre l'équipage qu'il était un esclave affranchi, mais on ne le crut pas, et on l'enferma dans une cabine. Une fois le navire à quai, il avait néanmoins réussi à s'échapper et avait rejoint un foyer pour marins noirs, ne faisant "aucun effort pour se dissimuler", selon les journaux de l'époque, avant d'être capturé à nouveau, le 3 avril à l'aube, puis emprisonné. Il y eut un procès, auquel Wentworth assista, avec une douzaine de membres du Boston Vigilance Committee. Ses avocats firent appel auprès du juge de la Cour suprême du Massachusetts, l'implacable Lemuel Shaw – par ailleurs beau-père de Herman Melville depuis le mariage de ce dernier avec sa fille Elizabeth quatre ans plus tôt (l'Amérique, du moins la Nouvelle-Angleterre, siège du pouvoir économique et culturel, est, à cette époque, un tout petit monde, *ter*) –, lui demandant une ordonnance d'*habeas corpus*, mais Shaw se déclara incompétent. Il refusa également d'entendre les arguments concernant l'inconstitutionnalité de la loi. Le 11 avril, la décision du tribunal fut rendue : conformément à ladite loi, Sims devait retourner en esclavage en Géorgie. Le verdict fut accueilli par des cris et des sifflets.

Higginson et les autres militants abolitionnistes décidèrent alors d'un plan pour libérer le jeune Sims : un épais matelas serait placé sous la fenêtre de la cellule du deuxième étage du palais de justice, où se trouvait le prisonnier. Une heure fut déterminée pour que Sims saute et soit récupéré par un véhicule, qui l'emmènerait au Canada. Tout était prêt, mais il dut y avoir une fuite, car à quelques heures du déclenchement de l'opération, des barreaux furent installés à la fenêtre par laquelle Sims devait sauter. Une intervention par la force fut alors envisagée, mais une prise d'assaut du palais de justice nécessitait des moyens et des préparatifs hors de portée de Higginson et des autres militants, si bien que le projet, trop risqué, fut abandonné. Le 13 avril, Thomas Sims fut conduit à bord d'un navire, l'*Acorn*, et renvoyé en Géorgie sous protection militaire. Avant de monter à bord, il déclara qu'il préférait être tué, et demanda à plusieurs reprises un couteau, qu'évidemment on lui refusa. Une centaine de personnes, pour l'essentiel des membres du Boston Vigilance Committee, dont Higginson, marchèrent en solidarité avec lui jusqu'au quai en criant *"Shame! Shame!"* ("Honte !"). Sur le quai, ils entonnèrent l'hymne des esclaves du Sud : *"From many a southern river / and field of sugar cane / they call us to deliver / their land from slavery's chain**. *"* Six jours plus tard, à son retour à Savannah, Sims reçut trente-neuf coups de fouet, et fut vendu aux enchères à un propriétaire de Vicksburg, dans le Mississippi, chez qui il travailla comme maçon.

(Heureusement pour lui, l'histoire ne s'arrêta pas là. Douze ans plus tard, en pleine guerre civile, lorsque commença le siège de Vicksburg, il décida de s'échapper à nouveau, cette fois avec sa femme et son fils. Ils parvinrent à atteindre Boston, à presque deux mille kilomètres de là, curieusement sans encombre d'aucune sorte. Plus tard encore, en 1877, l'US Attorney General Charles Devens, celui-là même qui, lorsqu'il était US Marshall vingt-six ans plus tôt, avait été chargé de le renvoyer en Géorgie, lui confia un poste au ministère de la Justice.)

* Dans toutes les rivières du Sud / dans tous les champs de canne / ils nous exhortent à délivrer / leur terre des chaînes de l'esclavage.

VII

L'OURAGAN HIGGINSON

Mais nous sommes pour l'heure en 1852, où Thomas Wentworth Higginson redevient pasteur pour l'Église libre de Worcester, au nord de Providence – une église ardemment antiesclavagiste. Mary et lui déménagent donc, et trouvent une petite maison assez coquette, entourée d'un jardin arboré. Ses sermons, de plus en plus offensifs, défendent non seulement l'abolition, mais aussi la tempérance, les droits des travailleurs – notamment la journée de dix heures –, la réforme agraire, l'homéopathie, les droits des femmes, et ne cessent d'appeler les citoyens à respecter la loi de Dieu et à désobéir au Fugitive Slave Act. D'un strict point de vue religieux, il nie la vérité littérale de la Bible, prône la "lumière intérieure" (concept partagé par les quakers) et l'humanité de Jésus ; la religion pour lui doit être basée sur la foi, en une relation individuelle de l'âme avec Dieu. Il est partout, prêche en continu, donne des conférences, assiste à des meetings, signe des articles – aujourd'hui on le qualifierait d'hyperactif. Sa femme, étourdie et débordée par son activité incessante, lui avoue que l'énergie, la capacité, et cet ardent désir d'aider les autres, probable héritage de son père, la fatiguent un peu. Sans doute estime-t-elle aussi en son for intérieur, comme jadis sa belle-mère, que son mari en fait un peu trop, et la délaisse.

“Je suis presque effrayé quand je considère la soudaine inspiration et l'expansion de mes convictions depuis que je suis arrivé à Worcester, écrit-il. Chaque pensée, chaque regard & action, semblent ne plus m'appartenir, mais appartenir à quelqu'un d'autre que je suis devenu. Cela ouvre de nouvelles perspectives quant à ma destinée... Tout ce que j'ai vécu jusqu'ici semble n'avoir été que la maturation d'une fleur en moi...”

Emporté par cet ouragan intérieur, il en oublie au passage sa résolution de 1845, et se remet à écrire de la poésie. Un ensemble de poèmes plutôt mièvres et sentimentaux, oubliables et oubliés, inspirés, comme c'est plus ou moins la norme à l'époque, par la contemplation de la nature, est publié en 1853 par Samuel Longfellow dans un ouvrage collectif intitulé *Thalatta*, rassemblant par ailleurs des textes et poèmes de Shelley, Poe, Thoreau et Longfellow lui-même.

L'ouragan Higginson emporte tout sur son passage, y compris peut-être, et par répercussion, la santé de sa femme – son épouse discrète, à la fois vive et humble, réservée, et un peu négligée. Comme sous l'effet d'une perverse symétrie, tandis que l'un s'active de plus en plus, la santé de l'autre décline. Le Jour de l'an 1853, elle subit une attaque de “violents rhumatismes” – sans doute de l'arthrite, ou une dystrophie musculaire. Elle est traitée d'abord par deux homéopathes – choix de Wentworth –, puis par un allopathe, qui prescrit qu'on lui enveloppe le corps de draps humides. En mai, la douleur s'est atténuée mais ses deux genoux restent raides. Dès lors, elle dépendra entièrement de son mari. L'été elle pourra à peine marcher le long du rivage du côté de Manchester-by-the-Sea, qu'on appelait simplement Manchester à l'époque, ou de Rockport. Après l'avoir examinée à de multiples reprises, deux médecins disent ne pas savoir s'il s'agit de causes psychosomatiques, comme une manière inconsciente de conserver davantage son mari auprès d'elle, ou strictement physiques, mais sont l'un et l'autre d'accord sur le fait qu'il devient "très compliqué" de vivre avec elle.

Wentworth, par contrecoup, fait l'inverse de ce qu'aurait souhaité sa femme : il s'active de plus en plus, approuve, réprouve, dénonce, harangue, écrit, pétitionne, lit, voyage, prononce des conférences, rédige articles, comptes rendus, tribunes. Cette année-là est publié *La Case de l'oncle Tom*, de l'écrivaine abolitionniste et féministe Harriet Beecher Stowe. Si, l'année précédente, le *Moby-Dick* de Melville est paru dans l'indifférence générale, ce n'est pas le cas de ce livre-ci, qui rencontre immédiatement un vif succès. Wentworth écrit un article enthousiaste, estimant que ce roman est "inégalé dans la fiction américaine, et le serait toujours, même si les personnages étaient tous blancs comme neige". En tout cas, ce n'est certainement pas un de ces "breuvages insipides" que Melville concocte pour ses lecteurs. Cet enthousiasme pour ce qui est considéré alors comme le grand roman antiesclavagiste américain se trouve tempéré aujourd'hui par la conscience qu'on a de l'espèce de paternalisme ambigu de Stowe, que partageait Higginson, et plus généralement tous les militants abolitionnistes de l'époque, vis-à-vis des Noirs. Bien plus tard, à la toute fin du siècle, un écrivain aussi farouchement hostile à toute forme de ségrégation que l'était Stephen Crane (que Higginson admirera, disant de lui qu'il "saisissait les pensées de manière aussi nue, simple et évidente qu'Emily Dickinson") n'y échappe pas non plus – notamment dans sa belle et forte nouvelle *The Monster*. Pour Stowe, pour Higginson, pour

Parker, pour Crane, les Noirs forment une race aimable, patiente, docile, qui se soumet facilement, une "race exotique" (préface à *La Case de l'oncle Tom*), au caractère bien éloigné de celui de la "rude et dominatrice race anglo-saxonne", une race d'hommes et de femmes plus sensibles au sentiment religieux que ne l'est le Blanc, plus naïfs, plus crédules, plus superstitieux, qu'il convient de protéger avec générosité, non sans s'amuser gentiment, à l'occasion, de certaines de leurs caractéristiques physiques et comportementales si éloignées des nôtres. Une dizaine d'années plus tard, Higginson, qui entre-temps aura commandé un régiment de Noirs pendant la guerre, puis écrit un livre à succès sur cette expérience, dira qu'il croyait lui aussi à la docilité naturelle des Noirs, et fera amende honorable sur ce point. Mais il ne croira jamais que "le Nègre" puisse faire preuve de la froide fourberie et de la brutalité gratuite dépeintes par exemple par Melville dans *Benito Cereno*, paru en 1855 dans le *Putnam Magazine* et en 1856 en livre, dans *Les Contes de la véranda.*

Peut-être faut-il préciser ici que le mot "nègre" (*"negro"* en anglais) était, à l'époque, le terme utilisé tant aux États-Unis qu'en France pour désigner les personnes de couleur noire, sans nuance péjorative d'aucune sorte. Le terme "afro-américain" n'existait pas encore – terme d'ailleurs sujet à d'autres formes de controverses, plusieurs Noirs américains, j'en connais, le rejetant car se trouvant ainsi assignés à une identité africaine qui remonte à plusieurs siècles, dont ils ne savent rien, et qui ne les concerne plus. Un ami, descendant d'une famille d'esclaves africains arrivée aux États-Unis au début du XVIIIe siècle, mais aussi d'immigrants gallois arrivés à la même époque, estime qu'il pourrait à ce compte-là tout aussi bien être qualifié d'américano-gallois, et réclame qu'on l'appelle "américain" tout court, sans forcément mentionner son origine ethnico-géographique, et par là sa couleur de peau. En France aussi, le terme de "nègre" désignait simplement les gens à la peau foncée. Il a d'ailleurs été utilisé et revendiqué par les tenants de la "négritude". Une carte postale que mon arrière-grand-père navigateur avait adressée à son fils évoque les Chinois de Chine, les Nègres d'Afrique et les Indiens de Patagonie : le terme est neutre, purement descriptif.

Dans ces années-là, les combats contre l'esclavage et pour les droits des femmes, à quoi il faut désormais ajouter l'attention et les soins constants dus à son épouse, absorbent toute l'énergie de Wentworth. Dans le courant de 1853, il intervient dans un meeting en faveur des droits des femmes avec Theodore Parker et Lucy Stone, une militante abolitionniste, féministe et réformiste, qui fut la première femme du Massachusetts à obtenir un grade universitaire, et la première Américaine à avoir conservé son nom après le mariage – une petite femme calme et modeste, à la voix faible, mais qui captivait puissamment son auditoire. Il s'adresse aussi à la Convention constitutionnelle du Massachusetts pour soutenir une pétition demandant que les femmes soient autorisées à voter lors de la ratification de la nouvelle Constitution. Publiée sous le titre *Woman and Her Wishes* ("Ce que veulent les femmes"), cette importante allocution sera utilisée pendant de nombreuses années, et jusqu'au XXe siècle, comme pamphlet dans diverses publications sur les droits des femmes.

Pendant ce temps, en juin, la jeune Emily Dickinson se cache dans un bosquet pour observer la cérémonie au cours de laquelle son père Edward, élu au Congrès du Massachusetts, inaugure la ligne de chemin de fer Amherst & Belchertown Railroad. Edward, juge, avocat et sénateur, est aussi sévère que méthodique, et aussi attentif à la bonne tenue de sa maison que parfois excentrique – marque de fabrique de la famille Dickinson. Il achète des livres à sa fille Emily, mais lui demande de ne pas les lire. Une nuit, il sonne à toute volée les cloches de l'église d'Amherst pour que les habitants sortent de chez eux et admirent une aurore boréale, suscitant l'étonnement et l'incompréhension amusée des uns, l'agacement des autres. Cette année-là, Emily écrit ce que l'on a souvent considéré comme son premier poème, *On This Wondrous Sea* – bien qu'il en existe un autre antérieur, on l'a dit, *Sic transit gloria mundi*, long poème de dix-sept strophes de quatre vers, qui avait été publié le 20 février 1852 à l'occasion de la Saint-Valentin par un ami de son frère Austin, Samuel Bowles, dans le *Springfield Republican* dont il avait pris la direction deux ans auparavant.

À la fin de l'année 1853, l'état de santé de Mary Higginson ne s'est pas amélioré. Elle est de plus en plus dépendante de Wentworth et réclame sans cesse son attention. Pris par ses multiples activités, Wentworth reste rarement plus de quelques jours consécutifs dans la petite maison de Worcester. Il a à peine trente ans, Mary trente-quatre. Ils s'accrochent parfois sur la question de fonder ou non une famille : Wentworth aime beaucoup les enfants et voudrait en avoir – Mary, non. Pendant cinq mois l'année précédente ils avaient gardé leur nièce, la fille d'Ellery et Ellen Channing, dont le couple battait de l'aile, et Wentworth avait beaucoup apprécié sa compagnie. On a de cette année-là une photo de lui avec trois enfants de la famille Channing :

la nièce en question, une cousine plus âgée et un cousin plus jeune, ce dernier sur les genoux de Wentworth qui garde le regard baissé, un petit sourire aux lèvres, manifestement satisfait d'être ainsi entouré d'enfants. Mary, quant à elle, était pressée que la petite rentre chez elle. Fonder une famille ? *I would prefer not to,* aurait-elle pu répondre à Wentworth si elle avait lu le *Bartleby* de Melville, qui venait de paraître en deux livraisons du *Putnam's Monthly Magazine.*

Selon le témoignage d'un parent : "Mrs Higginson est très étrange : très invalide à cause de ses rhumatismes, maîtresse parfaite de l'art de l'agression verbale, auquel elle s'adonne fréquemment avec un piquant et un enthousiasme particuliers, elle a un esprit très sec et tranchant, et elle est très amusante."

VIII

EMBRASEMENT

Au printemps 1854, en Europe, c'est le début de la guerre de Crimée, où la France, le Royaume-Uni et le royaume de Sardaigne s'unissent pour défendre l'Empire ottoman face à la Russie, dont la politique expansionniste menace de bouleverser l'équilibre de l'Europe. Les siècles se suivent, et parfois se ressemblent un peu.

Aux États-Unis, pas de guerre encore, mais on le sait bien, ce n'est qu'une question de temps. Au mois de mars, trois cavaliers sudistes traversent le Massachusetts à la recherche d'un esclave fugitif. Leur employeur, le colonel Charles T. Suttle, d'Alexandria, Virginie, avait appris que sa "propriété" était employée chez un tailleur de Boston. Il avait donné une description d'un Noir de trente ans, 1,85 mètre environ, bien bâti, qui avait une grande cicatrice sur la joue et "une main déformée par un os en saillie provenant d'une fracture mal cicatrisée". Le 24 mai à minuit, le shérif adjoint Asa O. Butman trouva le Noir, Anthony Burns, dehors près d'une bijouterie. Il fut capturé et emmené au palais de justice. C'était la première arrestation de fugitif depuis celle de Thomas Sims.

Higginson, aussitôt averti, suggéra que les militants de Worcester se rendent à Boston pour une grande réunion publique de protestation au Faneuil Hall, le vendredi 26. C'est le matin, le soleil inonde le salon et perce à travers les rideaux tirés de la chambre à l'étage. Wentworth embrasse précipitamment sa femme encore alitée et part assister à un meeting secret du Vigilance Committee. En chemin il rencontre Martin Stowell, un militant qui avait organisé l'enlèvement à Syracuse d'un esclave fugitif en 1851. Un comité exécutif se crée, dont Higginson fait partie, avec Theodore Parker et cinq autres, et une action violente est aussitôt envisagée. Stowell suggère qu'on tente de prendre d'assaut le palais de justice afin de libérer Burns pendant la réunion publique du Faneuil Hall : de nombreux policiers seront occupés là, dit-il, et le palais de justice sera plus facile d'accès. La proposition est retenue. Higginson, sous le pseudonyme pas très opaque de Higgins, va acheter chez Gardener & Thayer une douzaine de hachettes à un dollar chacune, et les dépose chez un avocat sympathisant de la cause. Un activiste nommé John C. Cluer, se joint au groupe. À l'intérieur du Faneuil Hall, Parker et d'autres ont pris la parole et commencent à enflammer leur auditoire, constitué notamment de plusieurs groupes de Noirs, qui se ruent ensuite vers le palais de justice. Higginson est à l'extérieur, où il attend Stowell, Cluer et les autres. Tous se rejoignent, les hachettes sont récupérées par les émeutiers, certains ont des pistolets – l'assaut peut commencer.

À l'aide d'une poutre, les hommes de Stowell tentent d'enfoncer la porte sud-ouest, celle qui leur permettra d'accéder à l'endroit où est enfermé Burns, à l'étage. On jette des briques dans les fenêtres. Les forces de police arrivent et se retrouvent face à une foule de cinq cents personnes excitées. Ce n'est pas tout à fait l'assaut du Capitole du 6 janvier 2021, mais ça y ressemble un peu, même s'il va sans dire que la cause ici semble autrement plus louable. La porte cède, Higginson et un Noir s'y engouffrent. Ils sont immédiatement frappés à coups de gourdin et subissent quelques coups de couteau, qu'ils esquivent pour la plupart, de la part des gardes. Les autres, devant la violence de la réaction, hésitent. Higginson, le menton ensanglanté, se retourne et les harangue pour qu'ils entrent à sa suite. Un coup de feu retentit à l'extérieur, un garde s'effondre. Higginson et son compagnon prennent la fuite.

La police arrêta plusieurs personnes, dont Cluer, qui projetait d'attaquer un autre bâtiment, et Stowell. À 22 heures, une demi-heure après l'attaque, Higginson écrivit à sa femme : "Il y a eu tentative de sauvetage, et elle a échoué. Je ne suis pas blessé, sauf une égratignure au visage qui m'empêchera sans doute de recommencer, car je serais reconnu. Je ne rentrerai pas avant lundi matin." Mais lorsqu'il apprit que le garde, James Batchelder, avait été tué pendant l'assaut, Higginson décida de rentrer plus tôt. Dès le samedi après-midi, le lendemain de l'assaut donc, il était à Worcester, où il participa à un meeting, arborant un bandage au menton.

L'avocat et député antiesclavagiste Richard Henry Dana, l'auteur du célèbre *Deux années sur le gaillard d'avant* paru en 1840, écrira à propos de Higginson : "Je ne m'attendais guère à ce qu'un homme marié, ecclésiastique, et instruit, puisse ainsi conduire une foule." Theodore Parker, lui, toujours radical, s'émut peu de la mort du garde : "Il était volontaire. Il était partisan de l'idée de réduire un homme en esclavage, et devra rendre des comptes à Dieu de son engagement."

Burns fut rapatrié en Virginie. Deux corps de Marines, un détachement de National Lancers (troupe de cavalerie), et une compagnie d'artillerie rejoignirent les forces nationales et locales, formant une escorte de deux mille hommes pour l'accompagner. Cinquante mille personnes suivirent la procession, et les Lancers durent parfois user de la force pour contenir la foule.

(Suite de l'histoire : un mois plus tard la liberté d'Anthony Burns fut achetée mille trois cents dollars. Il suivit ensuite des cours à Oberlin College, et devint pasteur baptiste. Auparavant, il avait décliné l'offre de Phineas Barnum, l'homme d'affaires créateur d'un cirque à son nom – "célèbre grand magasin de grotesqueries bon marché", avait écrit Melville en 1847 –, qui lui avait proposé de faire une tournée avec lui dans le Nord pour cent dollars – peut-être Barnum imaginait-il déjà un panneau *"Anthony Burns, le Nègre courageux qui a bravé le Fugitive Slave Act !!!"* Dans son cirque, Barnum exhibait entre autres des "curiosités" telles que le "lilliputien" Tom-Pouce (60 centimètres), une géante de 2,40 mètres, l'enfant à tête de chien, l'homme-lion, une femme à barbe ou l'homme à tête d'épingle – inspirant par la suite Tod Browning pour son film *Freaks* –, mais aussi une authentique cantatrice, ou encore un énorme éléphant de 3 mètres.)

Deux jours après l'extradition de Burns, Higginson délivre un sermon très offensif au pupitre de l'église de Worcester. Sa blessure était guérie, mais une cicatrice demeurait, qu'il conservera toute sa vie. Il choisit Jérémie xv, 12-13 ("Je livre gratuitement au pillage tes biens et tes trésors, / À cause de tous tes péchés, sur tout ton territoire") qu'il développe avec une fougue toute révolutionnaire.

"Les mots ne sont rien, déclare-t-il non sans grandiloquence – nous avons été abreuvés de mots pendant vingt ans ! Je suis heureux que cette fois il y eût aussi *l'action* (...). Pour ma part, je ne peux rendre la vie digne d'être vécue qu'en devenant un révolutionnaire. Les coups frappés sur la porte du palais de justice cette nuit-là ont été répercutés de ville en ville, de Boston à La Nouvelle-Orléans, comme le premier coup de tambour de la révolution – et chaque pulsation réverbérée était un coup porté sur la porte de chaque prison d'esclaves de cette République coupable (...). Ne plus cacher les fugitifs et les aider, mais les montrer, et les défendre. Que le Chemin de fer clandestin s'arrête ici ! Écoute, ô Richmond ! et prête l'oreille, ô Caroline ! Dorénavant, Worcester sera le Canada de l'Esclave !"

J'ouvre une parenthèse : étrange type, tout de même, ce Higginson. À la fois la carpe et le lapin, le chaud et le froid – ou le tiède. Un peu gandin, policé, coquet, soucieux de plaire, un notable, et dans le même temps enflammé dans ses discours et pour les causes auxquelles il croit – se qualifiant lui-même de "révolutionnaire" –, et n'hésitant pas à donner courageusement de sa personne pour les défendre. Volontiers lyrique et conventionnel, sinon mièvre, dans ce qu'il écrit et lit, et dans le même temps futur correspondant d'Emily Dickinson, d'abord étonné, réservé, on le verra, puis intéressé, puis peu à peu fasciné par les poèmes qu'elle lui envoie, et faisant en sorte qu'ils soient publiés. Telles sont les facettes apparemment incompatibles de sa personnalité, qui ont suscité une sorte d'incompréhension à son égard.

Après cette journée de violences à Boston, et son sermon à Worcester, Wentworth est persuadé qu'il va être arrêté. Tâchant de camoufler sa légère angoisse sous quelques traits d'humour, il propose que soit tiré un daguerréotype de Mary avec cette légende : “Mrs H., l’Épouse du Martyr”.

Six jours après son sermon, il est en effet averti qu’il va être arrêté – mais uniquement pour l’émeute, pas pour la mort du garde. Il est convoqué au tribunal, où lui est signifié qu’il est accusé d’avoir “rassemblé cinq cents personnes ou plus (…) et troublé la paix civile, (…) assiégé et attaqué le Palais de Justice, (…) brisé les vitres des fenêtres, (…) forcé et ouvert l’une des portes dudit Palais de Justice, (…) tiré avec diverses armes à feu, (…) et (…) poussé de grands cris et des hourras”. Mais comme il y a de nombreux cas à traiter, son procès ne pourra avoir lieu que l’année suivante – où il n’aura finalement pas lieu, en raison de vices de forme.

IX

BOUILLONNEMENT

Du nord au sud, les positions se radicalisent. Quelque chose ne demande qu'à éclore, éclater, brûler et tout dévaster. Henry David Thoreau intervient à propos de l'affaire Anthony Burns lors d'un discours d'une convention antiesclavagiste en juillet, et qualifie ses propres pensées de "meurtrières" désormais, qui le poussent involontairement à comploter contre l'État. Higginson quant à lui déclare en août : "Je vous le dis, le combat contre l'esclavage n'est pas une réforme, c'est une révolution." Le projet de loi Kansas-Nebraska, qui préside à la création de ces deux États, doit permettre aux immigrants installés dans ces territoires de décider si oui ou non ils souhaitent y introduire l'esclavage. Ce choix proposé entraîne de nombreux conflits et batailles, parfois sanglants, entre esclavagistes et abolitionnistes. Du côté de North Elba, dans l'État de New York, un activiste nommé John Brown, fils de tanneur comme le général Grant, mais au destin radicalement différent, farouche abolitionniste, calviniste, puritain, violent, illuminé disent certains (non sans raison), persuadé d'être le bras armé de Dieu, se prépare à partir pour le Kansas, désireux de combattre le Grand Satan esclavagiste.

La maladie de Mary qui ne s'améliore pas, l'état de ses nerfs après l'affaire Burns, ainsi qu'une situation économique favorable après deux semaines de tournées de lecture dans le Midwest, font que Wentworth décide de partir avec elle, le 29 octobre 1855, vers les Açores, dont le climat est supposé lui être bénéfique. Ils y resteront six mois, pris en charge par le consul américain, un Bostonien, participant à des bals, des soirées, et impressionnés par la paisible amabilité et la pauvreté souriante de la population. "Heureux de voir tout ça, écrit Higginson, mais heureux aussi d'être né en Nouvelle-Angleterre."

Au bout de quelque temps cependant, l'Amérique lui manque – surtout en ce printemps 1856, où les événements du Kansas le passionnent à distance.

Il y avait eu là-bas, depuis la fin de 1855, des escarmouches et tueries entre les deux camps, les "Free Soilers", abolitionnistes, et les "Border Ruffians", esclavagistes – ce qu'on appela le "Bleeding Kansas", qui commença avec l'assassinat, près de la rivière Wakarusa et de la ville de Lawrence, d'un militant antiesclavagiste par un colon pro-esclavagiste. Et il venait d'y avoir, le 21 mai 1856, la mise à sac de cette même ville de Lawrence, pro-abolitionniste, par les Border Ruffians. Trois jours plus tard, ç'avait été le massacre de Pottawatomie, perpétré par John Brown et ses hommes, qui avaient sauvagement exécuté à coups de sabre une famille de cinq partisans présumés de l'esclavage. Brown, de plus en plus persuadé d'être l'envoyé de Dieu, estimait avoir ainsi accompli son devoir en abattant une partie des "légions de Satan". La machine était lancée.

Le 1er juin, Thomas et Mary Higginson embarquent pour Boston, où ils arrivent le 7. S'il n'est plus vraiment un jeune homme, Wentworth est un homme encore jeune : âgé de moins de trente-trois ans, il est en pleine possession de ses capacités physiques et intellectuelles. Il a depuis longtemps adopté la devise de Juvénal, *Mens sana in corpore sano*. Soucieux de son apparence – cette légère coquetterie qui avait rebuté Thoreau –, il fait régulièrement de l'exercice, prend soin de son corps, ne boit pas ou très peu, et mange modérément ; il est grand, mince, plutôt considéré comme bel homme, bien que lui-même se juge banal, le visage trop pâle et le regard morne. Il déborde d'énergie, ce qui lui est bien utile pour entreprendre tout ce à quoi il entend se consacrer : ayant mis la poésie et la littérature momentanément de côté, il ne pense plus qu'aux combats politiques, aux conférences, sermons et meetings, aux levées de fonds, aux actions coup-de-poing, à tout ce qui peut entretenir et propager sa flamme révolutionnaire, abolitionniste et égalitariste, quitte à l'aveugler parfois, ou le mettre en danger – comme en cette année 1856, où il va s'engager dans les combats qui ont lieu au Kansas, qui est en train de s'embraser.

"De toutes choses, dit Montaigne, les naissances sont faibles et tendres." Il y avait d'abord eu des prises de conscience, des réunions, des meetings, des positions de plus en plus affirmées, des fossés qui insensiblement se creusaient entre membres d'un même pays, d'une même communauté. Les uns invoquaient la dignité de l'individu et les grands principes moraux, les autres les nécessités économiques et une théorie de la hiérarchisation des races. Puis ç'avaient été des réglementations, des législations plus ou moins honteuses, maladroites ou scélérates, des réactions populaires, des mouvements de foule, des prises d'assaut, des blessés et des morts. Ensuite il y avait eu de violents face-à-face, d'abord dans le Kansas, où cela se poursuivrait encore quelque temps, causant encore plus de morts, encore plus de ressentiment, encore plus d'incompréhensions mutuelles – puis cela se répandrait ailleurs, s'étendrait et finirait, cinq ans plus tard, par embraser tout le pays.

X

AU KANSAS

En juillet 1856, Wentworth devient l'agent pour Worcester du Comité national d'aide au Kansas. Il achète du matériel pour les colons. Nous avons la liste : 71 fusils Sharps, 27 mousquets United States, 10 fusils United States, 92 revolvers, 161 couteaux, 20 barils de poudre, 29 boîtes de cartouches, 5 900 capsules pour revolver et un canon de 2,50 livres. En août, plusieurs escarmouches et fusillades éclatent à Franklin, Fort Saunders, Fort Titus, tandis que John Brown et moins de trente hommes défendent la ville d'Osawatomie contre presque trois cents Border Ruffians qui l'assiègent – tuant au passage l'un des fils de Brown. Le Kansas est proclamé en état d'insurrection et de rébellion. Wentworth décide de s'y rendre et d'apporter son aide aux antiesclavagistes.

Là-bas, le goût de l'aventure et le frisson du danger l'électrisent. Une fois sur place, il écrit à sa mère : "Imagine-moi en train de patrouiller en tant que garde une heure chaque nuit, en bottes montantes dans l'herbe humide, fusil à la main et revolver à la ceinture." Diogène cherchait un homme à la lueur de sa lanterne, lui cherche dans le feu de l'action non pas un, mais plusieurs hommes – une fraternité d'armes, un sens viril de l'engagement et du combat. "Depuis la reddition de Burns, je cherche *des hommes*. Je les ai trouvés ici, au Kansas. La vertu du courage (car bien que ces deux mots signifient au départ la même chose, ils sont dissociés à présent) n'a pas disparu de la race anglo-américaine, comme certains l'avaient hâtivement supposé." Il admire "Old Captain Brown" qui a défendu la ville de Lawrence en infériorité numérique face aux assaillants. Le même homme, apprend Higginson, a aussi défendu Osawatomie, à vingt-sept contre plus de deux cents envahisseurs du Missouri. Il n'est pas sûr qu'il fût au courant du massacre de Pottawatomie – ou alors il préféra l'oublier.

En janvier 1857, les troubles s'étant apaisés, il rentre à Worcester, où sa femme est de plus en plus invalide. Lui au contraire se sent rajeunir : l'action, l'engagement, lui ont fait du bien. Alors qu'il vient juste de passer les trente-trois ans, il écrit : "Je me sens infiniment plus jeune aujourd'hui que lorsque j'avais 18 ou 20 ans, & je doute de me sentir un jour plus vieux."

À Boston, il prend la parole au Faneuil Hall pour célébrer le 25ᵉ anniversaire de la Massachusetts Anti-Slavery Society. On le présente comme "le révérend général Higginson". Il assure son auditoire qu'il n'est pas allé au Kansas juste pour voir les structures de l'Underground Railroad, et justifie ainsi son désir d'action concrète : "J'en avais assez de lire *sur* Leonidas, je voulais le *voir*. J'en avais assez de lire *sur* La Fayette, je voulais le *voir*. J'ai vu au Kansas l'histoire du passé se revêtir de chair vivante devant moi. (…) Et si je voulais un véritable guerrier de la Révolution, où pouvais-je le trouver mieux que dans le vieux Vermontois, le capitaine John Brown, le défenseur d'Osawatomie… Le vieux capitaine Brown, l'Ethan Allen, l'Israel Putnam d'aujourd'hui, qui prie tous les matins, puis s'élance, avec ses sept vaillants fils, là où le devoir et le danger l'appellent, qui avale un Missourien en entier et dit le bénédicité après le repas."

John Brown était un homme de presque soixante ans, pas très grand, le front haut, les cheveux gris et raides en brosse, de grandes mains noueuses, le visage sec, ridé, taillé au couteau, un regard vif et étincelant – regard de fanatique, disaient certains, qui déstabilisait parfois ses interlocuteurs. Mais un fanatique au langage calme, jamais grossier, habité d'une véritable force intérieure, d'un intense sentiment religieux. Son père, un tanneur antiesclavagiste, lui avait transmis son métier, qui ne parvint jamais à le faire vivre correctement, et ses convictions, qui s'étaient trouvées accrues lorsque, mis en pension à l'âge de douze ans chez un fermier du Michigan, il avait assisté à des scènes d'insoutenable violence à l'égard d'un esclave noir. Le 9 janvier, à Boston, Higginson et lui se rencontrent. Brown, qui avait entendu parler de Wentworth, lui avait écrit : "On m'a dit que vous étiez à la fois un homme authentique et un abolitionniste sincère, et je crois en partie à tout cela." Dans cette lettre, il demandait de l'aide pour ce qu'il appelait un "service secret", déclarant qu'il aurait besoin de cinq à huit cents dollars dans les soixante jours, pour mener à bien l'entreprise de loin "la plus importante" de toute sa vie.

Or il se trouve que depuis quelque temps, Wentworth faisait partie d'une organisation, secrète comme son nom l'indique, dont le but était d'aider et de financer les mouvements abolitionnistes : les Secret Six, avec Samuel Gridley Howe, Theodore Parker, Franklin Benjamin Sanborn, Gerrit Smith et George Luther Stearns. Une de leurs premières tâches fut donc d'aider John Brown à collecter des fonds et à s'approvisionner pour un projet d'insurrection à l'arsenal de Harpers Ferry, en Virginie-Occidentale – car telle était, pour Brown, l'entreprise "de loin la plus importante de toute sa vie" : il envisageait d'attaquer l'arsenal, d'en saisir l'armement, d'en libérer les esclaves, puis d'aller, tous ainsi massivement armés et, espérait-il, de plus en plus nombreux, libérer ceux du Sud, en suivant la crête des Appalaches, ce qui aurait pour effet, par un vaste mouvement de contagion, d'expurger l'Amérique tout entière du fléau de l'esclavage.

L'idée de partition du pays progresse insensiblement, implacablement. La machine accélère, les rouages de l'engrenage grincent de plus en plus fort, de plus en plus vite. À la même époque, le nom de Thomas Wentworth Higginson apparaît parmi les quatre-vingt-neuf signataires de la Massachusetts Disunion Convention, dont le but est, à terme, une sécession des États-Unis.

De plus en plus fort, de plus en plus vite. Lors d'une réunion publique le 15 janvier à Worcester, Theodore Parker affirme : "Je pensais que cette terrible question de l'esclavage en Amérique pourrait être résolue sans effusion de sang ; je ne le crois plus." Quant à Higginson, il déclare que "la désunion n'est pas simplement un désir ; elle est une *destinée*". Pour lui, la force armée doit être employée dès que nécessaire. "Ce que je veux faire, c'est familiariser le public avec le mot de « désunion ». Et lorsque ce sera fait, laisser les événements le mettre en pratique." Il estimait que, pour un esclave qui fuyait vers le Nord, il y en aurait dix une fois le pays désuni, ce qui mettrait fin à l'esclavage, au moins dans les États frontaliers du Sud.

De plus en plus fort, de plus en plus vite. Pendant que John Brown cherche à collecter des fonds pour son attaque de Harpers Ferry, Wentworth multiplie les articles, les conférences, les lectures publiques. Il songe à renoncer à sa charge au sein de l'Église libre de Worcester : "Il est probable qu'au cours des prochaines années je sois de plus en plus souvent appelé à m'éloigner d'ici", écrit-il. Dans ses articles, il prône l'action physique et violente. "Donnez-nous le pouvoir, et nous pourrons établir une nouvelle Constitution, ou réinterpréter l'ancienne. Comment pouvons-nous obtenir ce pouvoir ? Par la politique ? Jamais. Par la révolution, uniquement."

XI

LE MÉTÉORE JOHN BROWN

Le 6 mars 1858, Higginson quitte l'église de Worcester. On le presse d'aider financièrement Brown, mais le voilà soudain devenu sceptique, apparemment plus si intéressé par cette attaque de Harpers Ferry. L'assaut lui-même pourrait réussir, mais aller ensuite libérer tous les esclaves du Sud ? Allons donc. Il n'y croit pas, ou plus. Il a réfléchi, est revenu de son enthousiasme initial. Et puis, contrairement à de nombreuses personnes ayant rencontré Brown, il n'est pas vraiment hypnotisé par ses "yeux étincelants" ou son "génie pénétrant". Il estime qu'il n'est au bout du compte qu'un "vieux combattant rusé" peut-être un peu dérangé, et se méfie à présent de lui et de ses projets.

Cette même année 1858, au mois d'août, meurt à New York un nommé Jeremiah N. Reynolds, à l'âge de cinquante-neuf ans. Il y a quelques années, j'ai écrit un livre sur lui.

Jeremiah Reynolds et Thomas Higginson ne se sont jamais rencontrés ; du reste, tout ou presque les sépare. L'un est fils de famille pauvre de Pennsylvanie et orphelin de père ; l'autre rejeton d'une famille aisée de la Nouvelle-Angleterre. L'un est un self-made-man, l'autre un brillant étudiant de Harvard. L'un n'était peut-être pas athée, on ne l'était pas beaucoup à l'époque, mais peu concerné par la chose religieuse ; l'autre fut pasteur. L'un avait été explorateur, aventurier, marin, chasseur de baleines, chercheur d'or, avocat ; l'autre, homme politique et critique littéraire. L'un fit le tour du monde, atteignit les rives du Sud de la Patagonie, fut naufragé en Antarctique ; l'autre ne quitta guère le Nord-Est des États-Unis, sauf pendant la guerre de Sécession et pour quelques tournées de conférences en Europe.

Ce qui les rapproche cependant : un bref épisode militaire, tous deux ayant été colonels, l'un dans l'armée régulière chilienne, l'autre dans les troupes de l'Union ; le goût de la rhétorique, le talent oratoire, le désir de persuasion ; leur rôle essentiel mais obscur, comme en retrait, dans l'histoire littéraire de leur pays : l'un influença Edgar Allan Poe pour son roman *Histoire d'Arthur Gordon Pym* et écrivit, quatorze ans avant *Moby-Dick*, un récit de chasse au cachalot blanc intitulé *Mocha Dick* ; l'autre permit à Emily Dickinson d'exister.

Reynolds est né à la fin du XVIIIe siècle – en 1799, comme Balzac ; Higginson est mort au début du XXe – en 1911, comme Gustav Mahler. À eux deux ils ont parcouru l'intégralité des étapes qui, de la guerre d'indépendance de 1812 à la naissance de la grande puissance économique et financière que devenait leur pays, en passant par la conquête de l'Ouest, celle des océans et la guerre de Sécession, ont jalonné ce siècle fascinant où l'Amérique s'est construite.

Mais nous ne sommes pour l'heure qu'au milieu de ce siècle, en 1859, et l'un des Secret Six, Franklin Sanborn, indique que Brown est prêt pour son opération. Il demandera par trois fois à Higginson de lui procurer de l'argent. La première fois, il donne 20 dollars ; les deux autres fois, rien : il refuse de solliciter les gens de Worcester. Après lui avoir reproché son "manque de foi", Sanborn lui annonce que l'opération débutera le 15 octobre.

L'objectif est donc de s'emparer du dépôt d'armes, de libérer les prisonniers et de mener ensuite une rébellion d'esclaves dans le Sud. Brown a avec lui seize hommes blancs, dont deux de ses fils, deux Noirs libres, trois esclaves fugitifs, et deux autres Noirs, esclaves. Vingt-quatre hommes en tout. C'est peu, mais la foi soulève des montagnes, estime-t-il. Et puis lorsqu'on est le bras armé de Dieu, rien ne vous arrête.

Fin septembre il loue la ferme Kennedy, avec une petite cabane à proximité, à six kilomètres au nord de Harpers Ferry, où il demeure sous le nom d'Isaac Smith. Il y entrepose ses armes. Le 1er octobre il écrit à ses enfants, leur disant de garder cette lettre en souvenir de leur père.

L'attaque de Harpers Ferry, considérée comme l'une des principales prémices de la guerre de Sécession, se déroule du 16 au 19 octobre 1859, et elle est un échec complet : aucun esclave ne rejoint John Brown. En revanche la riposte est violente. Outre que les habitants de la petite ville se mobilisent tout de suite contre Brown et ses hommes, le lieutenant-colonel et futur général sudiste Robert Lee est envoyé sur place à la tête de quatre-vingt-huit Marines et plusieurs dizaines de soldats des milices de Virginie et du Maryland. Les deux fils de Brown, Oliver, vingt ans, et Watson, vingt-quatre ans, sont tués ; lui est grièvement blessé, et capturé. On compte neuf blessés et un mort du côté Marines, et du côté Brown onze morts, sept capturés et exécutés plus tard (dont Brown lui-même), un mort en prison, et cinq hommes en fuite. Vingt-quatre, le compte y est.

Il y a au moins deux adaptations cinématographiques de l'attaque de Harpers Ferry. En 1940, soit quatre-vingts ans après les événements, ce qui est finalement assez peu (imaginons un film tourné aujourd'hui sur la Libération de Paris), dans le film *La Piste de Santa Fe*, de Michael Curtiz, l'opération a pris de l'ampleur : John Brown rencontre les Secret Six (dont on ne comprend pas bien qui ils sont, vu qu'il n'est jamais question d'eux avant cette scène, ni après), tous réunis dans un salon assez cossu, obtient d'eux les fonds nécessaires, attaque et se saisit de l'arsenal de Harpers Ferry avec une bonne centaine d'hommes, si ce n'est davantage, parmi lesquels aucun Noir. Il est défait par l'armée conduite par le lieutenant-colonel Lee et ses deux jeunes officiers, qui sont les personnages principaux du film : George Armstrong Custer (Ronald Reagan), futur lieutenant-colonel de l'armée nordiste, surtout connu pour son rôle pendant les guerres indiennes, qui en réalité avait à peine vingt ans au moment de l'attaque de Harpers Ferry et se trouvait encore à West Point où il se faisait plutôt remarquer pour son indiscipline ; et Jeb Stuart (Errol Flynn), futur général de l'armée sudiste, qui mourra en 1864, à trente et un ans, lors de la bataille de la Wilderness – et qui était, quant à lui, effectivement présent à Harpers Ferry en 1859.

Quatre-vingts ans passent encore, jusqu'à la mini-série *The Good Lord Bird* (2020), où le déséquilibre des forces est davantage respecté, ou du moins plus conforme à la réalité : Brown (Ethan Hawke) s'empare de l'arsenal avec une vingtaine d'hommes, dont beaucoup sont des Noirs (plus un Indien à nattes). Il prend des otages et s'enferme dans une grange. S'ensuivent alors quelques scènes, mimiques et dialogues non dénués d'humour, voire de cabotinage à la Tarantino ou Coen, tout ceci, quoique plaisant à regarder, étant sans doute bien éloigné de la personnalité de Brown, comme de l'état d'esprit de chacun à ce moment-là. L'armée arrive, commandée par Lee. Jeb Stuart tente vainement d'expliquer à Brown que tout est fichu désormais.

Quarante ans après le fiasco de l'attaque de Harpers Ferry, Higginson écrira ses remords qu'aucun de ceux qui avaient financé l'attaque ne se soit trouvé aux côtés de Brown. Les Secret Six, de fait, étaient tous remarquablement absents – et tous, à l'exception notable de Higginson, le seraient au moment du procès. Sanborn avait fui au Canada, après avoir demandé à Higginson de brûler toutes les lettres qu'il lui avait écrites – ce que Wentworth ne fit pas. Smith en revanche détruisit toute sa correspondance avec Brown, et nia l'avoir soutenu, à la suite de quoi il se déclara malade et demanda son internement dans un asile psychiatrique. Stearns et Howe partirent eux aussi pour le Canada au moment où débutait le procès. Howe nia en outre avoir été lié à Brown et à l'attaque de Harpers Ferry. Parker quant à lui était en Europe, malade – de la tuberculose, à quoi il succomberait l'année suivante. Il publia, mais à bonne distance donc, une lettre ouverte intitulée *John Brown's Expedition Reviewed* ("Critique de l'expédition de John Brown"), justifiant les actes de Brown et le droit des esclaves à tuer leurs maîtres.

Higginson de son côté, il faut le reconnaître, ne manqua pas de panache. Il fut le seul membre des Secret Six à ne pas s'enfuir plus ou moins piteusement lorsqu'eurent lieu le procès de John Brown, son exécution, et la commission d'enquête parlementaire sur l'attaque. Le seul aussi à déclarer publiquement qu'il aurait voulu accompagner Brown à Harpers Ferry, le seul à ne pas avoir brûlé les lettres, et le seul qui voulut témoigner au procès.

Après l'attaque, il semblait pourtant éprouver peu de compassion pour John Brown. Il pensait qu'il valait mieux qu'il soit exécuté plutôt qu'acquitté, ou évadé. Mais au moment du procès, il changea de point de vue. En prison, Brown avait parlé et agi avec bravoure *("like a manly hero")*, estima-t-il, au contraire de ses appuis nordistes, ces Secret Six, ou plutôt *Five*, qui s'étaient comportés comme des politiciens couards. Il prit l'initiative de rassembler un groupe de citoyens, dont Emerson et Thoreau, lequel avait rencontré John Brown et lui vouait une admiration sans bornes, afin de collecter des fonds pour assurer la défense de Brown.

Lors du procès, le discours de Brown fut unanimement considéré comme digne, et de grande qualité. Cela ne l'empêcha pas d'être condamné à mort le 2 novembre. Higginson décida d'aller voir sa femme, Mary Ann Day, ses filles et ses brus, à North Elba, dans l'État de New York ("un endroit sauvage, froid, désolé"), où il fut impressionné par leur simplicité, leur désintérêt, et "leur grande moralité". "Mon mari, dit Mrs Brown, a toujours pensé qu'il était un instrument entre les mains de la Providence. Et je le crois aussi. (…) J'ai eu treize enfants, il ne m'en reste que quatre, mais si je dois voir la ruine de ma maison, j'espère que la Providence en tirera quelque profit pour les malheureux esclaves." Il écrivit un article rendant hommage à leur héroïsme.

À la suite de sa condamnation, divers plans furent formés pour libérer John Brown. Un avocat anarchiste nommé Lysander Spooner proposa d'enlever le gouverneur de Virginie, Henry A. Wise, et de l'échanger contre lui. On ne retint pas l'idée. Un autre plan, plus simple et plus direct, consistait à attaquer la prison et libérer Brown. Un groupe de réfugiés allemands qui avaient fui la révolution de 1848 accepta de s'en charger – mais les fonds manquèrent, et le projet fut abandonné.

L'affaire outrepassa les limites du pays. Depuis Guernesey, Victor Hugo rédigea une lettre ouverte pour obtenir la grâce de John Brown, écrivant notamment, de manière assez visionnaire – ce qui n'est pas surprenant chez Hugo : "Au point de vue politique, le meurtre de Brown serait une faute irréparable. Il ferait à l'Union une fissure latente qui finirait par la disloquer." Henry David Thoreau publia quant à lui un *Plaidoyer pour John Brown*, et prononça un éloge funèbre, à Concord, le jour de son exécution.

Brown fut pendu le 2 décembre 1859. Walt Whitman, qui était abolitionniste, mais aussi nationaliste – notamment favorable à la guerre de 1848 contre le Mexique, contrairement à Higginson et Thoreau – et sympathisant du Free Soil Party, assistait à l'exécution ; tout comme l'acteur John Wilkes Booth, qui six ans plus tard assassinerait Lincoln. Higginson, lui, n'y était pas. Le lendemain, il participerait à un meeting à sa mémoire.

De John Brown, Herman Melville dit dans un poème qu'il avait été un "météore de la guerre".

XII

LA GUERRE

En janvier 1860, Thomas Wentworth Higginson est bizarrement le seul des Secret Six à ne pas être convoqué à Washington pour la commission d'enquête au sujet de l'attaque de Harpers Ferry, bien qu'il soit désigné par le comité d'investigation comme étant "un ami proche de John Brown", "l'un de ceux qui lui ont fourni des fonds pour lui permettre de poursuivre ses agissements au Kansas", et lui ayant fait "la promesse de l'aider dans toutes les entreprises qu'il pourrait entreprendre". Plus tard, il expliquera cela de manière assez amusante : "La raison pour laquelle je n'ai pas été convoqué est qu'il était bien compris que je ne m'enfuirais pas au Canada" – une pierre dans le jardin des membres des Secret Six qui l'avaient fait.

Comme cela s'était déjà produit précédemment, ses périodes d'intense militantisme actif sont suivies de périodes d'isolement et de contemplation de la nature. Sa rencontre avec Thoreau quelques années plus tôt, et surtout la lecture de ses livres, avait été décisive de ce point de vue-là, et il ne considérait plus avec dédain la proximité avec la nature dont il avait estimé qu'elle engourdissait l'homme d'action qu'il rêvait d'être – et, indiscutablement, était. Sans doute se dit-il cette fois qu'il a été suffisamment en vue ces dernières années

– assaillant, militant, combattant, blessé, accusé –, et qu'il convient de prendre un peu de recul. Il décide donc de se mettre momentanément en retrait de l'agitation politique et publique. Il écrit à nouveau pour des magazines littéraires, et se lance notamment dans une *Histoire des insurrections d'esclaves*. Entre 1860 et 1862, il en publiera plusieurs dans *The Atlantic Monthly*, telles que "Les Noirs marrons du Surinam", "Les Noirs marrons de Jamaïque", "L'Insurrection de Nat Turner", dont la poétesse Susan Howe dira qu'elle a influencé Emily Dickinson pour un de ses poèmes de ces années-là, ainsi que d'autres sur les insurrections du "général" Gabriel en 1800 et de Denmark Vesey, un pasteur noir affranchi pendu en 1822 après avoir été accusé de fomenter une rébellion d'esclaves. Dans ses carnets, il évoque des promenades le long du fleuve Merrimack. "Il y a des moments en plein air si riches que l'on a l'impression qu'une seule promenade suffirait à fournir un essai." Il évoque Thoreau, qu'il lit et cite à de nombreuses reprises.

Mais à l'automne 1860, le balancier opère en sens inverse : il se sent à nouveau attiré par le monde extérieur. Pendant des années il sera ainsi déchiré entre les appels de l'activité politique, le combat abolitionniste, et le silence de la nature. En septembre, il prend la parole lors de la Worcester Convention of Radical Political Abolitionists, destinée à décider s'il faut créer un Parti radical abolitionniste pour contrer le Parti républicain, fondé six ans plus tôt, et dont le candidat à la présidence est Abraham Lincoln. À la surprise générale, il se déclare favorable à Lincoln. Stephen Foster, l'organisateur de la convention, déclare : "J'adore mon ami Higginson, mais s'il y a quelque chose en lui que je déteste, ce sont ses opinions."

En novembre 1860, Abraham Lincoln est élu président. L'Union compte trente-trois États à son élection ; il n'y en aura plus que vingt-sept à son investiture, trois mois plus tard.

Si l'Histoire a tendance à créer rétrospectivement des héros et des saints, aussi bien que des démons et des réprouvés, Abraham Lincoln fait aujourd'hui incontestablement partie de la première catégorie. Il est si bien considéré que de nombreuses personnes le rangent aujourd'hui spontanément du côté des progressistes, autrement dit des démocrates, ignorant qu'il était membre du Parti républicain : car le bien, ce sont les uns, le parti de Franklin D. Roosevelt et de Barack Obama, et le mal, ou en tout cas le moins bien, les autres, celui de George W. Bush et de Donald Trump. Bien entendu, les choses ne sont jamais si simples, surtout à un siècle et demi de distance. Abraham Lincoln, personnellement hostile à l'esclavage, avait affirmé : "Nous avons commencé en tant que nation par déclarer que tous les hommes étaient créés égaux. En réalité, nous proclamons aujourd'hui que tous les hommes ont été créés égaux, sauf les Noirs. Bientôt nous dirons que tous les hommes ont été créés égaux, sauf les Noirs, les étrangers et les catholiques. Lorsque nous en serons là, je choisirai plutôt d'émigrer vers un pays où l'on ne fait pas semblant d'aimer la liberté. La Russie par exemple, où le despotisme règne à l'état pur sans être coupé d'une dose d'hypocrisie."

Au demeurant, on l'a vu, Lincoln n'était pas, au départ, favorable à l'abolition totale de l'esclavage, dont il mesurait le danger pour l'unité du pays, mais simplement pour l'arrêt de son expansion. À l'encontre de la plupart des Américains, il reconnaît l'imminence et la nécessité d'un état de guerre temporaire, mais sans combats – juste une vigilance accrue –, et, partant, d'une désunion, toujours temporaire, de l'État. Mais si la sécession s'étend, affirme-t-il, le Nord devra se battre pour maintenir certains points stratégiques en deçà de la ligne Mason-Dixon. En février 1861, peu avant son investiture, alors que la Caroline du Sud, le Mississippi, la Floride, l'Arkansas, la Géorgie, la Louisiane et le Texas ont déjà fait sécession et élu Jefferson Davis comme président des États confédérés, il estime que le Maryland et le fleuve Mississippi doivent demeurer au Nord. Il ne pense pas vraiment à une guerre, pas encore, mais dit qu'il est très difficile de prévoir comment tout cela finira.

Les périodes troubles de l'Histoire, et elles sont nombreuses, ont ceci en commun qu'il est toujours difficile d'y être modéré, ou d'y cultiver une indépendance d'esprit éloignée des simplifications partisanes. Comme Montaigne, en son temps, disait être considéré comme trop proche des catholiques pour les uns, des huguenots pour les autres – trop gibelin pour les Guelfes, et trop guelfe pour les Gibelins –, comme Salvador Allende était, quatre siècles plus tard, trop dangereusement de gauche pour les grands propriétaires et les multinationales, et trop conciliant avec la droite au goût de la gauche, Lincoln était trop modéré pour les abolitionnistes, et trop abolitionniste pour les esclavagistes. Dès son élection, il s'entoure d'anciens membres du parti whig, d'anciens membres du Free Soil Party, et de démocrates unionistes. Tous partagent un point commun : ils le jugent incompétent et convoitent sa place.

Pour Higginson en tout cas, la guerre est préférable au compromis. Son implication dans l'affaire Anthony

Burns, la Worcester Disunion Convention et le raid de Harpers Ferry l'ont convaincu que la paix et la désunion étaient incompatibles. Le 12 avril 1861, le vieil Edmund Ruffin tire le premier coup de feu contre le fort Sumter, à Charleston, en Caroline du Sud. La guerre civile a éclaté. Le 16, une manifestation se déroule à Worcester, où Higginson déclare : "Ce soir nous avons plus que de l'enthousiasme : nous avons l'unanimité." Il exhorte les participants à se préparer à aller servir dans les rangs de l'Union.

À Washington, Abraham Lincoln semble dépassé. Il est critiqué par certains de ses généraux, comme George McClellan, qui dit de lui qu'au milieu de politiciens véreux et incompétents il est juste "un babouin qui cherche à bien faire". La comparaison est tout sauf aimable, et les deux hommes ne parviendront jamais à s'entendre par la suite. Wentworth, qui quant à lui met en garde contre toute critique de Lincoln, cherche en privé à lever une compagnie d'hommes emmenés par John Brown Jr, fils d'un premier mariage de son père, pour les déployer à la frontière pennsylvanienne. "Je veux qu'au moins *le nom* de John Brown soit murmuré à la frontière", dit-il. Le projet est présenté au gouverneur du Massachusetts, qui s'y déclare favorable – mais il faut en attendre l'officialisation, ce qui peut prendre quelques mois.

Lui qui disait se méfier des mots et encourager l'action pourrait alors s'engager dans l'armée régulière, mais il n'en fait rien. C'est qu'une fois encore le balancier a joué : il se met en retrait. Il passe ses journées à marcher dans les bois, à observer la nature, à pagayer dans des eaux isolées dans la campagne autour de Worcester. À la mi-août il s'est résigné : "J'ai admis que mon devoir était de rester chez moi – que cette guerre, que j'ai appelée de mes vœux et pour laquelle je me suis préparé pendant des années, m'était aussi inatteignable que le fait de pouvoir prendre part aux guerres napoléoniennes." Lui parfois si disert ne dit rien des raisons profondes, mais peut-être les ignore-t-il, qui le font s'enfoncer de plus en plus muettement, de plus en plus isolé, dans la nature. Il passe des heures à observer les insectes et les oiseaux, dit brûler du désir insatiable de pénétrer leur conscience. Peut-être se répète-t-il avec nostalgie la phrase de William Blake : "Si seulement tu pouvais comprendre que le moindre oiseau qui fend l'air / est un immense monde de délices fermé à tes cinq sens." Il écrit une nouvelle semi-autobiographique, *The Monarch of Dreams*, dans laquelle le narrateur ne parvient pas à abandonner les rêveries de la nature pour l'éveil de la guerre. Une sorte de torpeur l'a gagné, comme Tristan et Yseut dans la forêt du Morois – mais au contraire des deux amants, il ne s'agit pas pour lui d'un abandon total à l'engourdissement, mais d'une torpeur éveillée, qui le rend attentif à chaque détail du monde touffu, vert et palpitant au cœur de quoi il passe ses journées. Et puis, peut-être sait-il qu'il n'a qu'à attendre que le balancier opère en sens inverse : le désir d'action saura bien le ressaisir. Pour l'heure, il envoie à *The Atlantic Monthly* des articles sur la faune et la flore, non exempts d'un lyrisme maladroit, inspiré de Nathaniel Hawthorne – que, comme tout le monde ou presque, il admire, voyant en lui le premier écrivain authentiquement américain, ses prédécesseurs comme Fenimore Cooper ou Washington Irving considérant trop souvent, selon lui, l'Amérique comme une simple province de l'Angleterre.

Par exemple : “Les arbres se dénudent chaque année, comme les déesses devant Pâris, pour que nous puissions voir leur beauté sans artifice. Seule la délicatesse invincible du hêtre conserve encore ses doux vêtements (…) cependant (…) le hêtre a de bonnes raisons pour une telle pudeur, car il possède peu de beauté de figure ; tandis que les ormes, les érables, les châtaigniers, les noyers, et même les chênes, n’ont pas épuisé pour nous toute leur réserve de charmes, jusqu’à ce que nous les ayons vus se déshabiller.”

On comprend, en lisant ces lignes, qu’il ait pu être, quelques mois plus tard, interloqué par les poèmes si haletants, ébouriffés, indisciplinés, *habités*, d’Emily Dickinson.

En octobre, cependant, il ne peut contenir plus longtemps son désir d’action. Le 1er novembre, il est autorisé à lever un régiment du Massachusetts – un régiment de quatre cents Noirs, le premier du genre. Il exulte ; Mary, de plus en plus souffrante, de plus en plus dépendante, beaucoup moins. Et le révérend Higginson, l’honorable défenseur des droits des femmes, déclare à la sienne, qui s’inquiète de le voir partir : “Si les hommes doivent partir à la guerre, leurs femmes ne doivent pas essayer de les retenir, mais se soumettre doucement et espérer que tout ira pour le mieux.” Peut-être l’ancien pasteur gardait-il en mémoire ces versets de l’Épître aux Éphésiens : “Femmes, que chacune soit soumise à son mari, comme au Seigneur ; car le mari est le chef de la femme, comme Christ est le chef de l’Église qui est son corps, et dont il est le Sauveur.”

Cependant, un nouveau renversement survient : un arrêt soudain du recrutement annule la décision du gouverneur. Dépité, il retourne à la nature. Marches dans la campagne, plantes, insectes, oiseaux, observations, notes, essais rédigés, publiés. Des lettres aussi, notamment à cette poétesse d'Amherst, qui vient de lui écrire – nous sommes en avril 1862 – et qui l'intrigue considérablement.

XIII

EMILY

La “Lettre à un jeune collaborateur” publiée par Higginson en avril 1862 dans *The Atlantic Monthly*, alors que ses chances de rejoindre la guerre semblaient nulles – au demeurant il ne le souhaitait plus vraiment –, avait entraîné la première lettre que lui avait adressée Emily Dickinson. Elle le connaissait en tant que militant abolitionniste – pas en tant que pasteur ; cela, elle ne l'apprendrait que bien plus tard –, et croyait comprendre qu'il était lui aussi engagé dans une forme de renoncement. De plus, elle admirait ses essais.

Emily vivait dans la grande maison d'Amherst avec son père, sa mère, sa sœur Lavinia, son chien Carlo, et quelques domestiques. Son frère Austin s'était marié six ans plus tôt avec une de ses meilleures amies, Susan Gilbert, et ils habitaient tout à côté. La famille formait comme un clan, à la fois intégré dans la société d'Amherst et renfermé sur l'idée forte de son unicité – “Les Newman sont très agréables, avait écrit un jour Emily à son frère, mais ils ne sont pas *comme nous*. Qu'est-ce qui nous rend si différents des autres ?” Le père, Edward, juriste et avocat, avait été député au Parlement du Massachusetts et délégué à la convention whig de Baltimore. Austin avait suivi la même formation et exerçait lui aussi en tant que juriste. La mère, prénommée Emily comme sa fille aînée, ne sortait que rarement de chez elle. Les deux filles, Lavinia et Emily, s'occupaient de la maisonnée.

Le 15 avril donc, elle écrit à Wentworth et lui envoie quatre poèmes, *Safe in Their Alabaster Chambers*, *I'll Tell You How the Sun Rose*, *We Play at Paste* et *The Nearest Dream Recedes Unrealized**. "Êtes-vous trop occupé pour dire si mes Vers sont vivants ?"

Il répond sur-le-champ. Sa lettre comprend une "chirurgie" douce, c'est-à-dire une critique des vers bruts et étranges d'Emily, ainsi que des questions sur sa vie, sur son passé personnel et littéraire, et une demande d'autres poèmes – car il est très intrigué. Il n'a jamais rien lu de pareil – personne n'a jamais rien lu de pareil. Selon lui, le sens de ceux qu'elle lui a envoyés est trop obscur, leur rythme trop irrégulier, et l'ensemble trop peu organisé. Trente ans plus tard, il écrira : "À la première lecture de ces quatre poèmes, l'impression d'un génie poétique entièrement nouveau et original a été aussi nette dans mon esprit qu'elle l'est aujourd'hui, après trente ans de connaissances supplémentaires ; et avec elle est apparu le problème jamais encore résolu de la place à attribuer dans la littérature à ce qui est si remarquable, mais qui échappe tellement à la critique. L'abeille elle-même n'a pas plus échappé à l'écolier qu'elle ne m'a échappé ; et même aujourd'hui, je reste quelque peu déconcerté, comme l'écolier." (L'abeille, l'écolier, sont une référence au début de l'un de ces quatre poèmes : *"Le Paradis que nous pourchassons — / Comme l'Abeille de Juin — devant l'Écolier — / Invite à la Course"*). Mais, si déconcerté qu'il soit, il est suffisamment "accroché" pour désirer

* Respectivement poèmes 124, 204, 282 et 304 des *Poésies complètes*, édition de Françoise Delphy, Flammarion, 2009.

poursuivre cette correspondance – qui durera vingt-quatre ans, jusqu'à la mort d'Emily.

Une telle réserve, quoique légère, est somme toute logique de la part d'un homme qui n'est pas un artiste, ni véritablement un poète, même s'il est habité d'un "sentiment poétique" du monde – il n'est en tout cas pas un génie audacieux, ni *a fortiori* un dynamiteur de formes, mais plutôt un lecteur, et à l'occasion auteur, dont les goûts, aspirations et remarques, sur l'irrégularité prosodique des poèmes d'Emily par exemple, restent dans la droite ligne de l'esthétique classique et convenable de son époque. Époque dont il faut dire par ailleurs qu'elle était, tout comme le lieu – la Nouvelle-Angleterre puritaine –, peu propice à la reconnaissance de génies singuliers, ou excentriques.

Sept ans plus tard, en 1869, elle dira à Higginson que sa prompte réponse d'avril 1862 lui a, cette fois-là, sauvé la vie ("Vous n'avez pas eu conscience de m'avoir sauvé la vie. Vous remercier en personne a depuis lors été l'une de mes rares requêtes.")

Elle lui réécrit le 25 avril, le jour de la bataille de La Nouvelle-Orléans – vingt-six batailles diversement meurtrières avaient déjà eu lieu cette année-là, dont celle de Shiloh quelques jours plus tôt. Contrairement à ce qu'on peut penser, la discrète et presque recluse Emily est loin d'être dans l'ignorance de la guerre qui est en train de se dérouler – personne ne l'est. Quelques jours avant sa première lettre à Higginson, elle en écrivait une à ses petites-cousines, les sœurs Norcross, âgées de dix-neuf et seize ans, pour leur annoncer et déplorer la mort au combat d'un jeune lieutenant d'Amherst, "ce brave tué à Newbern". Après avoir décrit les circonstances de sa mort, son rapatriement à Amherst, l'état de son cadavre si mutilé que personne, pas même son propre père, n'avait été autorisé à le voir, et la cérémonie mortuaire, elle concluait sa lettre par : "Austin est complètement sous le choc. Aimons-nous plus fort, mes enfants, c'est tout ce qu'il nous reste à faire."

Dans cette deuxième lettre du 25 avril 1862, elle envoie à Higginson d'autres poèmes. "Merci pour la chirurgie – elle n'a pas été aussi douloureuse que je le pensais. Je vous en apporte d'autres – comme vous le demandez – même s'ils ne sont pas très différents (...). Vous me demandez quels sont mes compagnons, les Collines – Monsieur – et le Couchant – et un Chien, aussi grand que moi, que Père m'a acheté (...). Vous me parlez de Mr Whitman – je n'ai pas lu son Livre – mais on m'a dit que c'était un homme scandaleux." (Emerson l'accusait de "priapisme prononcé".) Dans cette deuxième lettre, elle fait aussi allusion à une "terreur – depuis Septembre – que je ne pouvais dire à personne – et donc je chante – comme le Garçon près du Cimetière – parce que j'ai peur."

On ne sait pas exactement à quoi elle fait allusion. Sans doute craignait-elle de perdre la vue : bientôt elle ira par deux fois à Boston consulter un ophtalmologue, en 1864 et 1865 – "Quand j'ai perdu l'usage de mes Yeux, il m'a été réconfortant de penser qu'il y a si peu de vrais *livres* que je pourrais facilement trouver quelqu'un pour me les lire tous", dira-t-elle à Wentworth lorsqu'il viendra la visiter en août 1870. Ou d'être atteinte d'un trouble mental. Selon Claire Malroux*, il s'agit peut-être de la peur de l'inconscient, de zones troubles à l'arrière-plan d'une conscience toujours en éveil. Le fait est qu'à la fin de l'adolescence, elle savait déjà qu'elle était

* Dans le livre qu'elle a consacré à Emily Dickinson, *Chambre avec vue sur l'éternité*, Gallimard, 2005.

un être de pulsions, incapable de maîtriser son émotivité ; à son amie Abiah Root, elle écrit, en janvier 1852 : "Tu sais qu'il m'arrive de ne pas me sentir bien et que, lorsque mes émotions surgissent, je les laisse m'envahir alors que je ne devrais peut-être pas le faire – pourtant, *sur le moment*, la capitulation semble absolument inévitable."

Peut-être était-ce aussi une menace de dépression, voire la tentation du suicide. *"Je ne l'ai pas encore dit à mon jardin — (...) / Je n'en parlerai pas dans la rue / Car les magasins me dévisageraient — / Que quelqu'un de si timide — de si ignorant / Ait le toupet de mourir"*, écrivait-elle en 1858. Plusieurs poèmes des années 1862-1864 parlent de "paralysie", de "crépuscules du cerveau", d'"enterrement dans mon cerveau" (poème 340), de "fissure dans mon esprit" (867) de "nuit", de "tombe intérieure", de "cieux cousus".

Quelles qu'en soient les causes, cette peur avait atteint un tel degré en cette année 1862 que le fait de pouvoir bénéficier d'une ouverture sur l'extérieur, de cette sorte d'appel d'air qu'était la correspondance avec un homme de lettres au jugement duquel elle pourrait soumettre ses poèmes, lui a, dit-elle, "sauvé la vie".

La réponse de Higginson contient cette fois de grands éloges, ce qui amène Emily à lui répondre que si sa lettre ne lui a "pas donné d'Ivresse", c'est parce qu'elle avait déjà "connu le goût du Rhum", mais que son opinion est "l'un des plaisirs les plus intenses que j'ai connus, et si j'essayais de vous remercier, mes larmes bloqueraient ma langue". Dans cette même lettre, Higginson la met en garde contre la difficulté qu'il y aurait à publier ses poèmes, en raison de leur forme et de leur style non conventionnels.

Réponse d'Emily : "Je souris quand vous me suggérez que je ne me hâte pas de « publier » – cela étant plus étranger à ma pensée que le Firmament l'est à la Nageoire." L'année suivante elle écrit dans un poème : *"La Publication — c'est la Vente aux enchères / de l'Esprit de l'Homme — / La Pauvreté justifie-t-elle / Une chose si abjecte"* ; plus tard, dans une lettre à la poétesse Helen Hunt Jackson : "Comment pouvez-vous imprimer un morceau de votre âme."

On pense à Reiner Stach au sujet de Kafka : "le *mépris* du milieu, si caractéristique des écrivains débutants du siècle dernier [en l'occurrence, pour Emily, du précédent], le dominait encore tout entier."

Elle termine sa quatrième lettre avec une requête : "Voulez-vous être mon Précepteur", et signe "Votre Élève".

En juillet elle lui écrit à nouveau, répondant à une demande que lui avait faite Higginson de se décrire, et dessine ainsi son portrait, demeuré célèbre :

"Je suis petite comme le Roitelet, mes Cheveux sont rebelles, comme la Bogue de la Châtaigne – et mes yeux, comme le Sherry dans le Verre, que laisse l'Invité – cela fera-t-il l'affaire ?"

Lorsque, huit ans plus tard, Higginson viendra lui rendre visite à Amherst, il dira n'avoir vu qu'une petite femme quelconque, avec un visage sans aucun trait à son avantage. Un bref portrait, ou plutôt anti-portrait, que ne recoupe pas tout à fait celui qu'avait fait d'elle une chanteuse venue un soir pour un récital dans la maison d'Amherst. "Tandis qu'elle se tenait devant nous à la faible lumière de la bibliothèque, nous remarquions surtout deux grands yeux sombres dans un petit visage pâle délicatement ciselé, et un corps menu, désuet, simple comme celui d'un enfant et plein de naturel. Elle parlait rapidement, avec la voix volubile d'un enfant et un charme particulier que je n'ai pas oublié." Higginson lui aussi soulignera cette voix et cette volubilité dans sa lettre à sa femme immédiatement après la première visite, en 1870 : "une voix douce et craintive, en retenant son souffle comme un enfant (...) elle s'est bientôt mise à parler de façon continue & avec déférence – s'arrêtant parfois pour me demander de parler à sa place – mais enchaînant tout de suite".

En août, une nouvelle lettre, et de nouveaux poèmes : "Ceux-ci sont-ils plus ordonnés ? Je vous remercie pour la Vérité – (...) Vous m'avez dit que je suis "Rebelle" [*"wayward"*, qui peut signifier aussi bien "rebelle" que "rétif", "imprévisible" ou "indiscipliné"]. M'aiderez-vous à progresser ?"

En 1862, tandis que le pays se déchirait et que les morts s'amoncelaient sur les champs de bataille, naquit ainsi entre la poétesse isolée, bientôt recluse, d'Amherst, et le pasteur militant, activiste et bientôt militaire, une amitié qui dura jusqu'à la mort de l'un des deux – et même si, en réalité, du moins au début, Higginson évaluera assez mal les poèmes, aussi bien que la personne, d'Emily Dickinson ("L'abeille elle-même n'a pas plus échappé à l'écolier qu'elle ne m'a échappé, et même aujourd'hui, je reste quelque peu déconcerté, comme l'écolier"), ce fut bel et bien lui qui ouvrit la voie à la reconnaissance de celle qui, avec son contemporain et exact opposé Walt Whitman, incarne le mieux, aujourd'hui, *la* poésie américaine de ce siècle-là.

XIV

"DE CUNNUL"

Au début du mois d'août 1862, comme il devenait évident qu'il ne pourrait pas lever lui-même un régiment à Worcester, il fut proposé à Wentworth de s'engager pour neuf mois dans les forces de l'Union. "Si je n'accepte pas, je perdrai mon amour-propre et serai un homme brisé. J'ai sacrifié le devoir public au domestique aussi longtemps que j'ai pu le supporter."

Le plus difficile est de convaincre Mary – non : pas de la convaincre, car la chose est impossible ; de la prévenir, en la ménageant au maximum. Ce qu'il fait, dès le lendemain de la nouvelle. On ne connaît rien de la réaction de celle qui, diminuée et souffrante, doit se résigner une fois de plus à voir partir son époux pour une durée indéterminée, et par surcroît dans une guerre meurtrière. Six jours plus tard, il avertit sa mère. Il s'engage pour neuf mois, peut recruter une compagnie et servir en tant que capitaine. Il publie un article dans le journal de Worcester, *The Worcester Spy* : "Neuf mois, ce n'est pas grand-chose à offrir pour sauver l'existence même des institutions qui vous ont élevé. Que diriez-vous aux enfants de vos enfants lorsqu'ils vous diront : un grand combat s'était engagé entre la Loi et le Désordre, la Liberté et l'Esclavage, *et tu n'étais pas là* ?"

À la fin du mois d'août, il part avec cent dix hommes. Il est ému, très concentré, incrédule de pouvoir se considérer à présent comme un authentique militaire. À l'inverse du narrateur de *The Monarch of Dreams*, lui a réussi à abandonner les rêveries de la nature pour l'éveil de la guerre. Il avance à cheval, suivi de son régiment, dans les rues de Worcester où les gens le saluent avec de petits drapeaux. Il passe devant sa maison, et voit sa femme debout derrière la fenêtre du salon. Elle lui fait un signe de la main mais ne sort pas, ni n'agite de drapeau.

À la mi-septembre, peu avant la terrible bataille d'Antietam, il est avec sa compagnie au camp John E. Wool. Ils font partie du 51e régiment du Massachusetts.

Pendant ce temps, bien entendu, la correspondance avec Emily se trouve suspendue. Elle s'en alarme. "Vous ai-je déplu, Mister Higginson ? Mais me direz-vous en quoi ?" lui écrit-elle le 6 octobre.

Le 14 novembre, il reçoit une lettre du brigadier général Rufus Saxton, qui lui propose le grade de colonel dans le 1er régiment de volontaires de Caroline du Sud, à Port Royal, un régiment composé d'esclaves affranchis. Il accepte avec enthousiasme. Pour certains militaires cependant, cette décision est discutable : Higginson est pasteur, militant, poète, un homme estimable, tout ce qu'on voudra, mais d'un strict point de vue militaire, il manque cruellement d'expérience. D'autres se disent que la tentative de lever un régiment noir échouera de toute manière en raison du caractère "imbécile" des recrues.

Pour lui, cela semble à la fois exaltant, exotique et aventureux. Il se voit comme le leader d'individus innocents et enfantins, "simples et aimables", qui disent "les choses les plus brillantes" derrière leur masque "d'impénétrable imbécillité". On le surnomme "De Cunnul"

("The Colonel", avec l'accent). Le soir, dans ses carnets, il dresse de ses recrues une série de portraits aussi paternalistes qu'affectueux, caricaturaux et bienveillants. "Alors que je suis assis dans ma tente, dans la fraîcheur du soir, au clair de lune, avec le sable étale, les tentes scintillantes, les feux vacillants, les gracieux réfectoires de palmiers, les sauvages beuveries – tout ressemble à un lointain royaume oriental." Les sujets de ce royaume semblent ne varier "que par leur degré d'inintelligibilité et leurs nuances de peau (…). J'ai à peine vu un mulâtre, presque tous sont aussi noirs que de l'encre d'imprimerie". Dehors, sous des panaches de mousse ondulante, il voit le feu se refléter "magnifiquement sur leurs pantalons rouges & (…) sur leurs joues brillantes, leurs dents blanches & leurs yeux qui roulent". Il assiste à leurs "spectacles comiques inégalés (…). Si vous donnez à ces gens leur langue & le libre usage de leurs pieds et leurs loisirs (…) ils sont heureux". Au début, il jugeait leur dialecte immature et enfantin. "Je pense que c'est en partie à cause de mon amour notoire pour les enfants que j'aime tant ces gens." Ils lui paraissent simples, dociles, observateurs, perspicaces et imaginatifs ; ils n'ont pas la "vanité hautaine que l'on voit parfois chez les nègres libres du Nord". Lorsque certains ne sont ni sincères, ni honnêtes, ni chastes, il met cela sur le compte de l'esclavage. Parmi ses hommes, il en trouve certains qui sont désemparés, mélancoliques, et qui ne veulent pas devenir soldats, des hommes pour qui il est "trop tard pour être autre chose qu'un « négro »". Le mot "négro" ("*nigger*"), apprend-il avec surprise, est utilisé communément aussi bien par ses recrues entre elles que par les Blancs racistes. Le soir, les chants monotones entonnés par ses hommes, accompagnés de leurs propres battements de mains et de pieds, l'attirent vers les feux de camp. Il n'y voit aucune influence africaine, puisqu'il participe de l'opinion commune selon laquelle les Noirs n'ont aucun héritage culturel, mais il est fasciné. Ainsi va-t-il patiemment, méthodiquement, répertorier certains de ces negro-spirituals, copiant des versets en dialecte et des musiques qu'il entend chanter autour des feux de camp du régiment – et contribuer par là même à leur préservation future.

Par ailleurs, il est inquiet de leur sort. Lincoln ne cesse de repousser une déclaration qui devait intégrer les Noirs à l'Union. Aucun autre régiment de Noirs n'est approuvé : celui de Higginson demeure le seul – sans doute doit-on y voir la crainte de placer des fusils dans les mains d'anciens esclaves. Pourtant, écrit-il, "il y avait dans les rangs plus de cent hommes qui avaient volontairement affronté plus de dangers dans leur fuite de l'esclavage que n'importe lequel de mes jeunes capitaines n'en avait encouru dans toute sa vie".

Dans ses éditions de janvier et février 1863, le *Springfield Republican* publie des articles sur Higginson et ses troupes. C'est en les lisant qu'Emily comprend la raison de son silence.

XV

L'ANNÉE DÉCISIVE

Au cours de cette année 1862, plus de cent vingt batailles s'étaient déroulées, dont celles de Middle Creek, de Hampton Roads (première bataille de l'Histoire où s'étaient affrontés deux cuirassés, l'*USS Merrimack,* rebaptisé *Virginia*, "customisé" par les confédérés, et l'*USS Monitor* de l'Union), de Shiloh, de Memphis, des Sept Jours, de Bull Run, de South Mountain, de la Stones River, d'Antietam, ou encore de Fredericksburg, pour ne citer que les plus meurtrières. L'armée du Potomac était commandée par le général McClellan qui, à plusieurs reprises et malgré les ordres directs de Lincoln, s'était illustré par son indécision à combattre, croyant parfois être en sous-effectif alors que ses forces étaient beaucoup plus nombreuses que celles des confédérés. Certains le surnommaient "le général rampant". Il était pourtant fort aimé de ses troupes, car soucieux de leur bien-être, de leur moral, et désireux de limiter les pertes le plus possible – d'où ses hésitations et son indécision, sans lesquelles la guerre aurait sans doute pu être plus brève et s'achever dès cette année 1862, et ce au moins à trois reprises : au moment de la bataille de Harpers Ferry, et après celles des Sept Jours et d'Antietam.

Au départ, c'est l'Union qui avait enchaîné les victoires, entre autres grâce aux actions menées par les troupes du général Grant, mais la dynamique avait ensuite changé de camp, et en dépit de forces moins nombreuses les victoires sudistes s'étaient succédé, notamment sous les ordres du général Jackson – un homme excentrique, froid, superstitieux, religieux et violent. La situation devenait de plus en plus délicate pour l'Union, qui semblait ne pouvoir, ou ne savoir, profiter ni de la supériorité de son économie, ni de celle de sa puissance industrielle, ni de celle de ses troupes.

En août, l'Europe semble prête à admettre les États confédérés dans le concert des nations : la France et la Grande-Bretagne ne peuvent survivre sans le coton du Sud, immobilisé par le blocus de l'Union. Le Sud avait réduit sa production de quatre-vingt-dix pour cent et brûlé ou laissé pourrir des millions de ballots. Lincoln est acculé : il doit trouver le moyen d'empêcher l'Europe d'intervenir dans le conflit.

Or Lincoln est futé. Il change de stratégie, et annonce qu'il prépare une future déclaration d'émancipation des esclaves, espérant créer ainsi un électrochoc vis-à-vis de l'Europe et de ses troupes, développer un sentiment de vertu à la fois morale et guerrière. Le Congrès interdit dès lors à l'armée de renvoyer les esclaves en fuite vers leurs maîtres. En juin, l'esclavage est déclaré illégal, même dans les États de l'Ouest, et quatre cents dollars sont versés pour chaque esclave libéré.

Lors de la bataille des Sept Jours, à la fin du mois de juin, où l'armée du Potomac du général McClellan est opposée à celle du général Lee, McClellan remporte presque toutes les batailles mais, à la surprise générale, il refuse de poursuivre plus avant, et se replie. Il est une fois encore accusé de couardise, de lâcheté, voire de trahison par certains. En juillet, Lincoln le somme d'engager d'autres combats. En vain : après trente mille blessés ou tués dans les deux camps, on en reste là, et ce sera au bout du compte une victoire sudiste. L'inverse aurait été sans doute décisif, et la guerre écourtée. C'est la première occasion ratée. Appelons-la Occasion n° 1.

Pendant ce temps, l'Europe hésite toujours, et Lincoln a désespérément besoin d'une victoire.

Occasion n° 2 : un autre point de détail aurait pu décider du sort définitif de la guerre, si McClellan avait été plus combatif. Le 13 septembre, un soldat nordiste découvre, dans une prairie du côté de Frederick, dans le Maryland, trois cigares enveloppés dans un parchemin. Incrédule, il ramène ça à son état-major : ce sont les plans de batailles de Lee, qui avaient été égarés. Lee avait divisé ses troupes en deux et attaqué Harpers Ferry le 12. La bataille durera jusqu'au 15 ; le reste de l'armée, réduite de moitié, était donc vulnérable. Cependant, malgré ces informations, McClellan ne fait rien. Une fois encore, la guerre aurait peut-être pu s'arrêter là si l'Union avait attaqué.

Occasion n° 3 : le 17 septembre se déroula la bataille d'Antietam – la plus sanglante de l'année. La plus médiatisée aussi, grâce aux photographies de Mathew Brady, qui seront exposées par la suite à New York, provoquant l'émoi de la population qui pouvait enfin *voir* la tragédie qui se déroulait à quelques centaines de kilomètres de là – voir ces milliers de jeunes, souvent très jeunes soldats qui gisaient sur les champs de bataille, accumulés, ensanglantés, dans des postures parfois grotesques, la bouche ouverte en un cri interrompu, le visage tuméfié, un bras bizarrement tordu, une jambe arrachée. George, le frère cadet de Walt Whitman, y est lieutenant. À dix heures, on compte déjà huit mille victimes. Les batailles les plus meurtrières sont parfois stratégiquement les plus inutiles, et humainement les plus absurdes – un demi-siècle plus tard ce serait, notamment, car il n'y a que l'embarras du choix, la bataille du col des Faux, à la frontière entre Vosges et Alsace, à l'issue de laquelle, après quatre mois et dix-sept mille cadavres, aucune ligne n'aura bougé, et le site sera abandonné. Il en va de même à la fin de celle-ci : pas un pouce de terrain n'a été gagné d'un côté ni de l'autre. Il y aura plus de deux mille morts et dix mille blessés ou disparus côté Union, mille huit cents morts et neuf mille blessés ou disparus côté Confédérés – soit un quart de leur armée. Mais l'invasion de Lee était stoppée : ce fut donc considéré comme une victoire nordiste. Là encore cependant, si McClellan avait insisté, le cours de la guerre en eût peut-être été différent.

Certains historiens avancent qu'à l'issue de la bataille il estimait sans doute que son armée était affamée, épuisée, mal équipée. "J'ai toujours été convaincu que la véritable manière de conduire les opérations consiste à ne faire aucun mouvement jusqu'à ce que les préparatifs soient aussi complets que les circonstances le permettent, & de ne jamais m'engager dans une bataille sans avoir un objectif précis qui compense les pertes probables", écrira-t-il dans ses *Mémoires*. Attentif à la bonne santé de ses troupes, et prudent. On pense au "vieux" Koutouzov, ainsi que l'appelait Napoléon, qui, un demi-siècle plus tôt, pressé par ses généraux de se lancer à la poursuite de l'Empereur, prenait son temps et disait : "Je fais reposer mes soldats tous les trois jours ; je rougirais, je m'arrêterais aussitôt si le pain leur manquait un seul instant" : confiant, il attendait le dur de l'hiver, et les marais de la Bérézina. Mais McClellan n'avait pour lui ni rude hiver russe, ni Bérézina. Le point de vue, cela dit, se défend. Il aurait même pu ajouter, comme l'explorateur Shackleton à sa femme quarante ans plus tard, après qu'il eut échoué à atteindre le pôle Sud : "Un âne vivant vaut mieux qu'un lion mort, n'est-ce pas ?"

Quoi qu'il en soit, Lincoln lui ordonne de poursuivre Lee : il n'en fait rien. Le Président vient donc le rencontrer, et le relève du commandement de l'armée du Potomac, où il sera remplacé par le général Burnside, et lui-même plus tard, en janvier 1863, par le général Hooker – qui sera tout aussi pusillanime, notamment lors de la bataille de Chancellorsville, en mai 1863, laquelle sera une victoire sudiste en raison des hésitations de Hooker.

Dans leurs écrits sur la guerre de Sécession, Marx et Engels accusent clairement McClellan de sympathie cachée pour la Confédération, estimant que sa supposée incompétence n'était qu'une forme de trahison. Melville en revanche, dans ses commentaires à l'ensemble de poèmes qu'il a consacrés à la guerre, prend sa défense : "Il en est certains (...) qui croyaient, et continuent de croire, que le général McClellan s'est toujours montré, au bas mot, un soldat patriote et honorable."

Après la bataille d'Antietam, Lincoln proclame l'émancipation des esclaves dans les États confédérés. Il publie la déclaration le 22 septembre : elle sera effective au 1er janvier. Cette décision, si noble soit-elle, et si conforme à la conviction profonde de Lincoln, est avant tout un "coup" politique : l'Union devient ainsi une armée libératrice, et la guerre une entreprise vertueuse. Elle sera cependant contestée par un grand nombre de nordistes, et dès sa mise en application, en janvier 1863, il y aura de nombreuses désertions dans plusieurs corps d'armée. Les sudistes, de plus, venaient d'écraser les troupes de l'Union lors de la bataille de Fredericksburg en décembre, où avait été légèrement blessé George Whitman, âgé de trente-trois ans. Son frère Walt, de dix ans son aîné, sans nouvelles de lui depuis des semaines, l'apprend dans le journal, part à sa recherche car George était porté disparu, et le retrouve en bonne santé, avec juste une légère blessure à la joue. Mais pour le retrouver il a dû traverser, horrifié, des hôpitaux de campagne débordant de jeunes soldats blessés, mutilés, déchiquetés, mourants. Il décide dès lors de se consacrer à eux en qualité d'infirmier pendant le restant de la guerre – cette guerre qui a deux ans à peine mais qui semble déjà interminable ; cette guerre qui lasse, horrifie, épuise ; qui commence à avoir raison de l'endurance de tous.

Lincoln est de plus en plus attaqué – dans le Sud, Jefferson Davis l'est aussi. Les désertions au Nord se multiplient, et chaque État du Sud compte au moins un bataillon de nordistes. Cependant, l'objectif de Lincoln est partiellement atteint : en Europe, l'idée de soutenir les États confédérés a reculé.

Le 31 décembre 1862 à minuit, à Boston, se déroule une grande réunion publique pour l'entrée en vigueur de l'émancipation. De nombreux abolitionnistes y participent, parmi lesquelles Harriet Beecher Stowe, ou le charismatique Frederick Douglass, l'ancien esclave devenu écrivain, orateur, journaliste, activiste, avec sa crinière de lion. Higginson, lui, est absent : il est en campagne, toujours posté à Port Royal, entre Savannah et Charleston, en Caroline du Sud, où il attend les ordres, et espère, ou peut-être redoute, les combats.

XVI

LES BLESSÉS ET LES MORTS

Le 1er janvier 1863, les esclaves sont émancipés. En février, le colonel Higginson est requis de passer à l'action : à la tête de trois bateaux et de quatre cent soixante-deux officiers et hommes d'équipage, il descend la rivière Beaufort sur le *Ben de Ford*, accompagné de deux autres navires, le *John Adams* et le *Planter*, vers la Floride. L'objectif est de remonter ensuite la rivière St Marys sur quinze miles, de débarquer à Township Landing et de surprendre une compagnie de cavalerie rebelle dont on savait qu'elle était campée à proximité, dans le but d'obtenir une victoire rapide – et aussi d'acquérir une certaine expérience sous le feu de l'ennemi. Mais ils sont repérés avant de débarquer : Higginson abandonne aussitôt le plan d'attaque et retourne à Fernandina, en Floride. Pour une première, ce n'est pas à proprement parler un franc succès.

Peu de temps après est programmée la prise d'assaut de Jacksonville, plus ardue. Là, les troupes de Higginson, bien qu'ayant été bombardées, parviennent à occuper la ville. À la suite de cette victoire du premier – et pour l'heure unique – régiment noir de l'armée des États-Unis, Lincoln décide d'engager le gouvernement à enrôler les esclaves dès le printemps 1863, et autorise également le recrutement de "Nègres du Nord".

En ce printemps de 1863, un important texte de loi est adopté, le Lieber Code, ou General Order n° 100, qui stipule que, "autant que le permettent les nécessités de la guerre, les citoyens non armés doivent être épargnés, ainsi que leurs biens et leur honneur". Ce texte sera à l'origine de la convention de Genève signée l'année suivante, et de la conférence de Bruxelles de 1874. L'émancipation des esclaves en janvier, ce texte de loi en avril : l'année 1863 semble décidément sur les bons rails de la dignité humaine retrouvée. Cependant, la réserve "autant que le permettent les nécessités de la guerre" autorise quelques ajustements. Un an plus tard, le général nordiste Sherman brûle la ville d'Atlanta, n'épargnant ni les citoyens non armés, ni les biens, ni l'honneur. "La guerre est cruelle et ne peut être ennoblie", dit-il. Plus tard, il utilisera les mêmes méthodes contre les Indiens. Pour la dignité humaine retrouvée, il faudra attendre un peu.

"J'aurais aimé vous voir avant que vous deveniez improbable, lui écrit Emily. La Guerre me fait l'effet d'un lieu oblique – S'il y a d'autres Étés, peut-être viendrez-vous ?" Et elle signe curieusement : "Votre Gnome". Peut-être – on ne voit pas d'autre explication – Higginson avait-il utilisé dans une lettre le terme "gnomique", désignant des vérités morales exprimées sous forme de sentences, pour qualifier quelques-uns de ses poèmes.

Bien sûr qu'il y aura d'autres étés, Emily. Mais pour l'heure la guerre semble s'enliser. Cela dit, malgré quelques assauts ennemis et diverses échauffourées, Wentworth juge la vie à Port Royal globalement agréable. Dîners et thés sur la piazza parmi les roses cherokees et les pêchers en fleur, galops à travers bois, lectures, concerts, soirées littéraires. Il aime lire des ballades de

Robert Browning à une Charlotte Forten Grimké admirative – poétesse, essayiste et militante abolitionniste, la première Noire à avoir été diplômée de la Higginson Grammar School (simple homonymie avec Wentworth) de Salem –, ou dîner avec la séduisante actrice shakespearienne Jean Lander, qui servait comme infirmière militaire. Ces moments de douce et courtoise vie sociale sont entrecoupés de batailles, menées par lui ou par d'autres, comme ses anciens alliés de la cause abolitionniste Francis Merriam ou James Montgomery.

En juillet, après les deux tournants de la guerre que furent la bataille de Gettysburg – la reine de toutes les batailles, la plus sanglante, la plus meurtrière – et la fin du siège de Vicksburg – au cours duquel l'esclave Thomas Sims s'était à nouveau enfui, douze ans après sa première évasion, pour rejoindre Boston –, son régiment a pour mission de prendre d'assaut le bourg de Willtown Bluff, en Caroline du Sud, afin de permettre à de petits bateaux équipés de matériel de démolition de parcourir dix miles sur une rivière peu profonde jusqu'au pont de la voie ferrée, et le faire sauter. Le 9, le bourg est pris à l'aube après quelques escarmouches. Mais par la suite, de nombreux tirs ennemis atteignent le remorqueur ainsi que son bateau, le *Dean*. Deux hommes sont tués instantanément. Wentworth est touché au ventre. L'expédition, néanmoins victorieuse, rentre avec deux prisonniers, six balles de coton, deux cents esclaves libérés, quatre morts, un marin qui a perdu une jambe – et un Higginson blessé.

Il passe l'été 1863 à l'hôpital de Beaufort, au nord de Port Royal où débute en son absence une épidémie de malaria. Fin août il se sent mieux et, bien que son désir d'engagement physique dans les combats se soit considérablement émoussé, il souhaite rejoindre ses troupes. À son arrivée, malgré la malaria qui sévit, il est heureux de retrouver ses "enfants noirs". Après les avoir entendus chanter le premier soir, il écrit, toujours aussi paternaliste mais sincèrement ému : "J'ai l'impression d'un grand nombre de bébés dans leur berceau qui s'endorment en roucoulant." Début octobre, il souffre de sueurs nocturnes et de diarrhées. Lorsque, en novembre, ses hommes sont assignés non loin de Port Royal, il ne peut les rejoindre, en raison de sa trop grande faiblesse. Au début de 1864 il fait part à ses supérieurs de son souhait de se retirer de la vie militaire. "En ce qui concerne la guerre, écrit-il, j'ai le sentiment d'avoir fait entièrement mon devoir et je n'ai plus de scrupules."

Une nuit de la mi-mars, pris d'une "fièvre soudaine", selon son expression – on pense, toutes proportions gardées, à Franz Kafka écrivant d'un trait dans la nuit du 11 au 12 septembre 1912 sa nouvelle *Le Verdict* –, il se met à la table de travail et écrit jusqu'au petit matin le premier jet de ce qui sera son plus grand succès de librairie, *Army Life in a Black Regiment* (qui sera traduit en français sous le titre *La Vie militaire dans un régiment noir*), qu'il achèvera cinq ans plus tard. Le 27 avril, il fournit un certificat médical attestant de sa mauvaise santé. Sa démission sera officiellement due à une "invalidité résultant d'une blessure".

Contrairement à de nombreux soldats de l'Union, Higginson n'avait amassé aucun butin de guerre – juste une épée en argent estimée à soixante-quinze dollars, qui lui avait été remise lors du Freedom Jubilee de janvier 1864, pour le premier anniversaire de l'abolition de l'esclavage. Idéaliste avant tout, il cherchait dans la guerre une signification morale, éthique et religieuse, et certainement pas un moyen de s'enrichir. La guerre, espérait-il, noierait le matérialisme croissant du Nord dans un flot purificateur d'héroïsme et de droiture chrétienne. Quant au Sud, souillé par le mal de l'esclavage, il devait être physiquement battu par un Nord qui avait lui-même besoin de se racheter pour avoir longtemps consenti à une union pécheresse avec l'esclavage.

Après dix-huit mois de campagne, le voici donc de retour à Worcester, où rien n'a véritablement changé. Les rues sont identiques, les arbres juste un peu plus verts qu'au moment de son départ – c'est le début du printemps, les bourgeons ont éclos –, les voisins sont les mêmes, malgré quelques absents parmi les plus âgés ; nul n'a encore eu à déplorer la perte d'un fils, d'un frère ou d'un neveu à la guerre… La petite vie provinciale semble figée, hors du temps, dans l'ignorance totale, du moins en apparence, des drames et massacres qui se déroulent à quelques centaines de kilomètres de là. Cela repose, sans doute, ou apaise. Mais dans le même temps, il y a là quelque chose de gênant, presque de violemment discourtois, se dit-il, un fossé qui s'est creusé et dont nul à part lui ne semble prendre conscience, si bien qu'il se sent de plus en plus éloigné du quotidien des habitants de la petite ville. Quant à l'état de santé de Mary, il ne s'est ni aggravé ni amélioré. Sa maladie cependant nécessite un climat meilleur que celui de Worcester, leur suggère le médecin. Ils décident donc de s'installer à Newport, Rhode Island, dans une pension tenue par une certaine Mrs Hannah Dame, une maison à deux étages, ombragée de grands ormes et entourée de bâtisses du XVIIIe siècle. Là, Wentworth travaille à l'édition d'un mémorial biographique en deux volumes sur les hommes de Harvard tués à la guerre, pour lequel il écrit douze des quatre-vingt-quinze essais, et que, toujours incurablement optimiste, il conclut ainsi : “Je ne vois pas comment on peut lire ces Mémoires sans avoir une confiance renouvelée dans nos institutions, dans le peuple américain, voire dans la nature humaine elle-même.”

Mais la guerre piétine de plus en plus, et semble échapper au Nord, pourtant plus riche et plus militarisé. La bataille de la Wilderness où, là encore, aucune des deux armées n'a avancé d'un pouce, celle de Cold Harbor, ou le siège de Petersburg qui durera neuf mois dans des tranchées qui préfigurent celles de la Première Guerre mondiale, coûtent très cher en vies humaines. Dans le Nord, la contestation contre Lincoln s'amplifie. Le président du Comité national républicain lui écrit une lettre dans laquelle il lui fait part de la sourde révolte qui se répand dans tout le pays, y compris parmi les élus républicains, en raison de l'absence de victoires notables, et surtout de la sensation que la guerre n'est plus menée pour l'Union, mais uniquement pour l'abolition généralisée de l'esclavage. Dans le Sud, les conditions sont de plus en plus misérables, tant pour les troupes elles-mêmes que pour les prisonniers nordistes détenus dans des camps de fortune parfois terribles – comme celui d'Andersonville, ou Camp Sumter, en Géorgie.

Prévu pour dix mille prisonniers, ce camp en contiendra jusqu'à trente-cinq mille, devenant ainsi, par la population, la cinquième ville des États confédérés. Les conditions d'hygiène y sont effroyables. On interdit aux prisonniers de se confectionner des abris autres que les tentes misérables qu'on leur attribue. Le lieu devient peu à peu un dépotoir ; le ruisseau qui passe au milieu est une fange immonde grouillant d'asticots, de vermines et de cadavres d'animaux ; les prisonniers sont à peine nourris, leur corps est rongé de maladies, la plupart sont squelettiques. Tout autour, des gardes et des miradors finissent de dresser l'image d'un camp de concentration dont les photos, tant du camp lui-même que des prisonniers décharnés et hagards, ne sont pas sans évoquer celles des camps nazis ravagés par le typhus soixante-dix ans plus tard. En un an, treize mille prisonniers succombent. Walt Whitman, à la fin de la guerre, se rendra sur les lieux et écrira : "Sont-ils réellement des hommes – ces nains livides et bruns à l'allure de singes, le corps strié de cendres –, ne sont-ils pas plutôt des cadavres amaigris, momifiés ? Pour la plupart ils gisent là, immobiles, vous fixant d'un regard horrible, les lèvres décharnées (souvent sans assez de chair pour couvrir leurs dents). On n'a probablement jamais vu de spectacle plus effroyable sur cette terre. Il y a des actes, des crimes, qui peuvent être pardonnés, mais pas celui-ci. Il plonge ses auteurs dans la damnation la plus noire, sans échappatoire et sans fin. (…) Les morts qui s'y trouvent ne sont pas autant à plaindre que certains des vivants qui en sortent – si l'on peut dire qu'ils sont vivants."

À la fin de l'année 1864, le Nord progresse enfin, et les plus optimistes commencent à entrevoir la fin des hostilités. Le 8 novembre, Lincoln est réélu avec cinquante-six pour cent des voix – il avait comme adversaire du Parti démocrate son ex-général McClellan, qui totalisera plus de voix que lui dans trois États : le Kentucky, le Delaware et le New Jersey. Bien entendu, les États confédérés ne votaient pas, à l'exception de la Louisiane et du Tennessee, qui venaient d'être réintégrés dans l'Union.

À l'idée d'une fin prochaine de la guerre et d'une abolition totale de l'esclavage, si la plupart sont soulagés, nombreux aussi se trouvent désœuvrés. Frederick Douglass, l'ancien esclave à la crinière de lion, écrit : "Qu'allais-je faire ? En dehors de la question de l'esclavage, ma pensée n'avait pas été très orientée et je ne pouvais guère espérer me rendre utile dans une autre affaire que celle à laquelle j'avais consacré les vingt-cinq meilleures années de ma vie."

XVII

LA PETITE PESTE ET LES DEUX GÉNÉRAUX

Le colonel Higginson, qui a rasé sa barbe de militaire mais conservé son titre de colonel, par lequel on le désignera souvent désormais, se prépare à vivre en temps de paix. C'est un homme grand et mince, qui se tient remarquablement droit, avec les cheveux encore noirs malgré l'expérience de la guerre et ses quarante et un ans.

Au mois de juin, il reçoit une lettre d'Emily : "Êtes-vous en danger – Je ne savais pas que vous étiez blessé. M'en direz-vous plus ? Mr Hawthorne est mort. Je suis malade depuis Septembre, et depuis Avril à Boston, entre les mains d'un Médecin."

Le médecin en question était un ophtalmologue, qu'Emily ira consulter à nouveau l'année suivante, après quoi elle restera recluse et ne descendra presque plus de sa chambre à l'étage de la maison d'Amherst, ou alors demeurera dans le petit couloir sombre qui jouxtait le salon, ne s'entretenant qu'à distance avec les hôtes de la maison – à l'exception notable des visites que lui rendront Higginson en 1870 et 1873, et quelques rares autres, comme Samuel Bowles, l'ami de son frère qui avait publié son premier poème, un jour de 1877 : Bowles et elle ne s'étaient plus vus ni écrit pendant des années, ils avaient renoué leur correspondance à la mort du père d'Emily, Edward, et lorsqu'il vient à Amherst et demande à la voir, elle lui fait savoir qu'elle ne descendra pas de sa chambre et préfère lui parler d'en haut, invisible à ses yeux. Il lui crie du bas de l'escalier : "Emily, maudite petite peste, j'en ai assez de ces bêtises ! J'ai fait tout le chemin depuis Springfield pour te voir. Descends tout de suite !" Elle descend et se montre tout à fait charmante et pleine d'esprit. Ensuite elle signera "Ta petite peste" la lettre qui suivra (omettant le "maudite", qui la choquait peut-être un peu – "J'ai supprimé l'Adjectif" écrira-t-elle en post-scriptum).

De Bowles, j'ouvre ici une parenthèse, on a dit qu'il avait été, dans les années 1850, un amour platonique d'Emily. Tout comme l'ont été quelques autres, mariés ou pas, mais pas Thomas Higginson, semble-t-il – bien que l'on ne sache rien, en réalité, du fond de la pensée, ou du cœur, de la poétesse d'Amherst sur ce point. De fait, Emily a été plusieurs fois amoureuse – une amoureuse sapiophile, dirait-on aujourd'hui, qui dans la relation, ou le fantasme de la relation, privilégie la valeur intellectuelle, la prestance, la qualité de l'esprit : amoureuse de tous ses professeurs, écrit-elle adolescente à son amie Abiah Root ; du révérend Charles Wadsworth, qui était marié et père de famille, qui vient lui rendre visite en 1860 et dont la mort en 1882 l'affecta beaucoup ("L'ami qui sur terre m'était le plus cher est mort en avril", écrira-t-elle à Higginson) ; peut-être, donc, de Samuel Bowles, un homme séduisant, "d'une beauté byronesque", écrit Claire Malroux, lui aussi marié et père de famille, et dont on pense par ailleurs qu'il a eu une brève liaison avec Susan Gilbert, la belle-sœur d'Emily ; et surtout d'Otis P. Lord, magistrat et politicien, ami de son père, avec qui une correspondance s'était installée à raison d'une lettre tous les dimanches, et qui la demanda probablement en mariage en 1882

– elle avait cinquante-deux ans, lui soixante-dix, sa femme était morte depuis cinq ans. Elle refusa. Fin de la parenthèse.

Quant à Nathaniel Hawthorne, que Wentworth appréciait plus que tout autre, voyant en lui le plus grand écrivain de l'époque, qui synthétisait les deux éléments les plus importants, selon lui, de l'expérience américaine, à savoir la "subtilité spirituelle" du transcendantalisme et la "dureté morale" du puritanisme, il était mort le 19 mai – quelques jours avant sa mère Louisa.

En mars 1865, après neuf mois de siège, Petersburg tombe aux mains des troupes nordistes. Les forces confédérées sont en lambeaux. Soixante mille hommes ont déserté. C'est la fin. Le général Lee suggère à Jefferson Davis de quitter la capitale, Richmond, qui sera prise bientôt. En partant, les troupes incendient la ville, comme les Russes Moscou un demi-siècle plus tôt. Lors de l'incendie, l'arsenal explose et détruit tout sur des centaines de mètres à la ronde. Quand les troupes nordistes entrent dans Richmond et plantent le drapeau de l'Union au sommet du Capitole sur un fond de ville en ruine, cette fois c'est à Berlin que l'on pense, et au drapeau soviétique sur le Reichstag.

On dira peut-être que j'exagère : les tranchées de Petersburg et celles de Verdun, le camp d'Andersonville et les camps nazis, Richmond incendiée comme Moscou un demi-siècle plus tôt, en ruine comme Berlin quatre-vingts ans plus tard : les analogies se multiplient, j'en ai conscience – mais si, tandis que je fouillais les documents, regardais les photos, parcourais les témoignages, elles ont ainsi surgi en moi, ce n'est peut-être pas sans raison – je veux dire une raison objective, et pas uniquement mon goût personnel pour les correspondances, les signes et les analogies – tant les guerres perpétuent des mécanismes similaires, des actions individuelles et collectives ne différant que sur les moyens techniques mis en œuvre, et tout un arsenal d'images répétitives, presque jumelles parfois, qui, si elles ne présagent en rien du sens profond des idéologies ni des actes politiques et militaires qui y ont mené – les confédérés n'étaient ni les Allemands de 1944, ni ceux de 1918, ni les Russes de 1812 – soulignent une permanence dans l'assaut, la destruction, la défaite et la victoire, et surtout dans la mise en scène de l'assaut, de la destruction, de la défaite et de la victoire.

Le 3 avril 1865, Abraham Lincoln arrive à Richmond, accompagné de son fils Tad. Il est acclamé, notamment par les Noirs de la ville et des environs. Le 8, le général Lee signe sa reddition à Appomattox. Grant est averti par une lettre, qu'il parcourt d'abord des yeux. Puis il demande à son aide de camp de la lire à haute voix. Une photographie immortalise la scène. Il est assis devant sa tente de campagne, avec quelques autres officiers. Il boit du thé. Le silence est absolu. L'aide de camp lit la lettre de Lee. Grant reste imperturbable – “aussi agité qu'un nid d'oiseau de l'an dernier”, dira l'un des officiers présents. Quelques-uns autour de lui proposent des vivats, des hourras, puis tous éclatent en sanglots. La guerre est finie.

Lorsque les deux généraux se rencontrent, Lee est en habit d'apparat, impeccable, fier et élégant, Grant en habit de campagne, n'ayant pas eu le temps de se changer, dit-il. Les deux sont extrêmement dignes et courtois, respectueux l'un de l'autre. Lee se souvient peut-être qu'il s'en est fallu d'un rien pour qu'il se trouve à la place de Grant : au début de la guerre il était opposé aux nouveaux États confédérés, dénonçant la sécession comme n'étant "rien d'autre qu'une révolution" et une trahison inconstitutionnelle des efforts des Pères fondateurs. Il avait hésité à s'engager pour le Nord, mais avait finalement privilégié la fidélité à son État natal, la Virginie. Grant propose à Lee des conditions tout à fait honorables, notamment le don immédiat de vingt-cinq mille rations de nourriture aux troupes sudistes affamées.

Apprenant la reddition de Lee, Edmund Ruffin, le planteur virginien qui avait tiré le premier coup de feu sur le fort Sumter quatre ans plus tôt et ainsi déclenché la guerre civile, se suicide à l'âge de soixante et onze ans, d'un coup de fusil, après s'être enveloppé dans le drapeau de la Confédération.

Le 9 avril 1865, la guerre de Sécession est officiellement terminée. Le 15, Abraham Lincoln est assassiné au Ford's Theatre de Washington par l'acteur John Wilkes Booth, esclavagiste convaincu, qui avait assisté six ans plus tôt à l'exécution de John Brown.

Selon l'écrivain Shelby Foote, l'une des conséquences majeures de cette guerre fut d'avoir inculqué aux gens du Sud le sens profond de la défaite – que le reste du pays ignore.

XVIII

CARLO

Janvier 1866.
"Carlo est mort —
E. Dickinson
M'instruirez-vous maintenant ?"

Cela faisait dix-huit mois qu'Emily et Wentworth ne s'étaient plus écrit. Son chien Carlo, un terre-neuve que son père lui avait offert en 1849, aussi grand qu'elle, avait-elle dit, ce qui était peut-être un peu exagéré (elle mesurait 1,62 mètre), et dont elle était très proche, avec qui elle faisait de longues promenades dans la campagne autour de la maison d'Amherst, et qu'elle ne remplaça jamais, venait de mourir, âgé de dix-sept ans. Elle l'avait nommé Carlo en référence au pointer de St John Rivers dans son roman préféré, *Jane Eyre*. Dans plusieurs dizaines de lettres, et même dans quelques poèmes, elle avait parlé de son "compagnon muet", de son "hirsute allié" *("shaggy ally")*, souvent avec humour, toujours avec affection et respect. Elle s'était réjouie un jour que le major Edward B. Hunt, regardant Carlo s'emparer au vol d'un morceau de gâteau tombé d'une table lors d'un thé de remise des diplômes en 1860, ait dit que son chien "comprenait les lois de la gravitation". Même si, à partir de 1865, la réclusion d'Emily fut progressive, et correspondait sans doute à une rébellion intime, un penchant naturel et un goût de la solitude et du silence, même si sa vue avait probablement baissé, et même temporairement et partiellement disparu, d'où ses visites chez l'ophtalmologue de Boston en 1864 et 1865, il ne fait guère de doute que le grand âge puis la mort de Carlo jouèrent aussi leur rôle dans la décision que prit Emily de ne plus sortir de chez elle, alors qu'elle avait à peine trente-cinq ans : à quoi bon aller marcher dans la nature s'il n'y a pas un chien pour vous accompagner ? La question se pose très sérieusement à tous les propriétaires de chiens habitués à arpenter les bois, les prairies et les montagnes en leur compagnie. Je sais de quoi je parle.

Higginson répond, et lui propose de venir à Boston. Cela fait quatre ans qu'ils correspondent : il aimerait la rencontrer. Emily décline l'invitation, et l'invite en retour à venir à Amherst : "Je serais heureuse de vous voir, mais j'y pense comme à un plaisir fantôme – à ne pas satisfaire. Je ne suis pas sûre d'aller à Boston. J'avais promis de rendre visite à mon Médecin pendant quelques jours en Mai, mais Père s'y oppose car il a l'habitude de m'avoir près de lui. Amherst est-il plus loin ? Vous y trouveriez une minuscule Hôtesse mais un Accueil spacieux." Elle joint une coupure de presse sur un de ses poèmes (*Un étroit compère dans l'herbe*, poème 1096) paru dans le *Springfield Republican* du 17 février – le cinquième, sur les six publiés de son vivant.

Higginson, dans sa réponse, réitère sa demande, et elle dans la sienne du 9 juin, à nouveau décline fermement : "Je dois oublier Boston. Père préfère qu'il en soit ainsi. Il aime que je voyage avec lui, mais s'oppose à ce que je parte en visite. Puis-je vous confier, comme étant mon Invité, aux bons soins de l'auberge d'Amherst ?"

Mais bien qu'ils vivent à cent cinquante kilomètres à peine l'un de l'autre, et chacun à une centaine de kilomètres de Boston, leur rencontre devra attendre encore quatre ans.

En février, la poétesse Helen Hunt vient s'installer à Newport – ville où il y a, selon Wentworth, "plus d'auteurs que dans n'importe quelle autre ville américaine" –, dans la même pension de famille que Mary et lui. Née à Amherst, Helen Hunt est une camarade d'enfance d'Emily Dickinson et connaît bien sa famille. C'est une femme massive, solide, déterminée – et sensible. Poète, féministe et militante pour les droits des Amérindiens, elle a été infirmière pendant la guerre, où est mort son mari. Elle a aussi perdu ses deux fils, l'un à l'âge d'un an en 1854, l'autre de la diphtérie à l'âge de neuf ans, deux jours avant l'assassinat de Lincoln. Avec Higginson, elle fera partie du Radical Club, une association d'écrivains à laquelle appartiennent aussi Emerson, plusieurs transcendantalistes, Henry James, Benjamin Peirce, ou John T. Sargent. Les réunions se déroulent chez Sargent, où son épouse fait office d'hôtesse tandis qu'on discute et écrit sur des sujets tels que "l'Immanence de Dieu", "la religion et l'art", "le panthéisme", "l'éthique indienne" ou encore "l'impossible en mathématiques". Higginson y invitera Emily en 1869 – en pure perte, cela va sans dire.

En 1867, il estime que les questions de la guerre civile et de la "reconstruction" voulue par le président Johnson sont résolues. Il écrit dans un article que les écrivains qui avaient mis leur carrière entre parenthèses et leur plume au service de l'émancipation des Noirs doivent à présent se consacrer à des objectifs plus littéraires.

Lui-même fait paraître dans *The Atlantic Monthly* une fiction intitulée *The Haunted Window*, dont le personnage principal est une femme dotée d'une imagination fertile et incontrôlée qui la conduit à une mort prématurée. Il donne à ce personnage le prénom d'Emilia, ce qui est à peu près aussi transparent que le pseudonyme de Higgins qu'il avait utilisé quatorze ans plus tôt pour acheter un lot de hachettes avant l'assaut du palais de justice de Boston. Bien que cette "esquisse imaginative", selon ses termes, fît de l'imagination un défaut fatal, cela ne l'empêcha pas de poursuivre ses efforts de fiction : bientôt il se lança dans un roman.

XIX

MALBONE

Pendant toute l'année 1868 il travaille à son *Malbone: An Oldport Romance*. Il est enthousiaste. "Ce roman est en moi comme la statue à l'intérieur du marbre (...). Les personnages se forment, apparaissent de mieux en mieux. (...) Pour la première fois, peut-être, j'ai quelque chose à écrire qui m'intéresse au point qu'il m'est très difficile de le quitter, même pour des activités nécessaires."

Parmi ces activités nécessaires, il y a la fondation de la New England Woman Suffrage Association en 1868 et de l'American Woman Suffrage Association l'année suivante – pour Wentworth, qui semble toujours avoir besoin d'une ou plusieurs causes à défendre, le combat pour les droits accordés aux femmes a succédé, sans transition ou presque, à celui pour les droits accordés aux Noirs.

Or les deux, à cette époque, se heurtent parfois de front. Lucy Stone, abolitionniste et féministe de la première heure, écrit : "Les Nègres sont tous contre nous. Ces hommes ne devraient pas être autorisés à voter avant que nous le soyons nous-mêmes, car alors ils seraient un poids mort à porter." D'autres féministes, comme Elizabeth Cady Stanton et Susan B. Anthony, sont pour réserver le "suffrage aux gens éduqués", ce qui permettrait aux femmes de voter, mais éliminerait dans un premier temps les Noirs. Il y a la même différence de vue parmi les abolitionnistes "historiques" : William Lloyd Garrison, qui demandait l'abolition dès 1837, pense qu'il faut éduquer les esclaves affranchis avant de leur donner le droit de vote, tandis que d'autres, comme Wendell Phillips, estiment qu'il faut le leur accorder tout de suite. Wentworth, qui partage d'abord ce dernier point de vue, finira par se ranger ensuite au côté de Garrison.

Le roman *Malbone* paraît par épisodes dans *The Atlantic Monthly* pendant les six premiers mois de l'année 1869. On l'annonce comme un livre dans la lignée des "souvent encensés, mais peu lus, romans de Jane Austen" – de fait, Higginson, qui avait lu un ou deux livres d'Austen dans sa jeunesse, avait acheté en 1866 toute une série de ses romans, et peut-être s'en inspira-t-il un peu. Un peu, mais pas très bien apparemment, vu l'accueil qui lui fut réservé.

L'action se déroule avant la guerre civile, avant que "la grande tempête de la grande rébellion n'éclate sur le pays et que sa vaste calamité n'absorbe tous les petits chagrins". Le lieu principal est un vieux pavillon de chasse à Newport, avec ses escaliers secrets, ses pilastres ornés de chapiteaux corinthiens et de têtes de chérubins. Le cimetière juif du XVIIe siècle sert de cadre à l'une des scènes les plus mélodramatiques de ce livre, qui est excessivement mélodramatique. Le personnage principal, le beau Philip Malbone, est un homme actif, dynamique, solaire, que toutes les femmes aiment, et qui les aime toutes. Ce personnage est inspiré, Higginson l'a dit lui-même, d'un ami qu'il avait dans les années 1840 et 1850, William Hurlbut, qu'il peignait à l'époque comme ayant "quelque chose de féminin et de fascinant". Malbone sera l'amant infidèle de la fidèle Hope (Espoir) et finira rejeté. La plupart des hommes du livre sont insensibles, les femmes sont perspicaces et imaginatives. On pense à certaines productions hollywoodiennes actuelles, caricaturales quoique heureusement assez rares, où les hommes sont invariablement des salauds ou des pleutres, et les femmes invariablement des personnages positifs. Higginson, d'une certaine manière, était en avance sur son temps.

La réception critique est une catastrophe.

"Tout est très mince ; il y a de temps en temps un trait d'esprit, mais plutôt léger."

"Le livre aurait pu être délicieux si les discours n'avaient pas eu l'air d'avoir été étudiés pendant toute la nuit pour produire un effet."

"S'il avait été publié anonymement, on l'aurait dit écrit par une Américaine qui aurait soigneusement étudié George Sand et Nathaniel Hawthorne."

"Langage un peu fastidieux, un peu trop enclin au purisme."

"La franchise, la résolution et la vigueur masculines sont notablement absentes. En tant qu'ambassadeur d'une nation de femmes, Mr Higginson serait admirable."

Bref, il est trop convenu, et pas assez viril – ce qui, à cette époque de frontières très marquées entre les deux sexes, est un défaut rédhibitoire.

Bien sûr, il arrive parfois que les critiques soient assez peu visionnaires. Lorsque, à une quarantaine d'années de là, Franz Kafka fera paraître sa nouvelle *Le Verdict*, le Dürerbund estimera qu'il s'agit d'"une étude laborieuse et tirée par les cheveux sur les malades mentaux".

Un peu plus tard, à la parution de *La Métamorphose* : "M. Kafka raconte – dans un style d'une extrême platitude – l'histoire grotesque d'un représentant de commerce qui se réveille un matin transformé en crustacé, terrorise sa famille, se fait nourrir par cette dernière, puis meurt. Cette *métamorphose* est certes décrite avec calme et adresse, mais sans imagination aucune et de manière fort ennuyeuse." À celle de *Dans la colonie pénitentiaire* : "Kafka est un sadique qui ne recule pas devant ce qu'il y a de plus répugnant et infect" ; "Le livre est trop ennuyeux pour stimuler la réflexion et l'empathie."

Oui, parfois, et même souvent, les critiques font fausse route.

Seulement voilà : Higginson n'est pas Kafka.

Il encaisse. En tant qu'ancien rationaliste unitarien, il en était arrivé à concevoir que les émotions pouvaient être des armes dangereuses, qu'il fallait maîtriser par la volonté et la raison. Et puis il avait depuis toujours cette capacité à "rebondir", à laisser derrière lui les rancœurs, les déceptions et les ressentiments, à sans cesse aller de l'avant. Il se disait qu'avant la guerre il avait surmonté son désir d'écrire de la littérature, et étouffé celui d'avoir des enfants ; que, la guerre terminée, il avait attendu que sa mère meure pour envisager d'écrire de la fiction, chose qu'elle condamnait. À la parution de son roman, et au vu de sa réception critique, il pense, et peut-être n'a-t-il pas tort, ne pas avoir été dans de bonnes conditions pour écrire : sa maison "est un hôpital", dit-il, dans lequel il voit l'unique objet de ses soins "pleurer de souffrance tous les jours". Mary, paralysée, ne pouvait en effet plus rien faire sans lui. Écrire *Malbone* lui avait surtout permis d'échapper à son enfermement, se raisonne-t-il. Comme l'activité physique au gymnaste, au fond. Il avait quarante-cinq ans et continuait à soulever des poids, boxer, faire de longues marches, grimper à la corde raide et entretenir son corps comme il l'avait toujours fait, mais peut-être à présent avec un peu plus de hargne et d'acharnement.

Après la parution de son roman, et surtout après son échec, il s'investit à nouveau dans le combat pour les droits des femmes, avec une telle intensité que Mary, qui se sent de plus en plus affaiblie, confie à une amie : "Ma chère, je n'ose pas mourir et laisser le Colonel seul, il y a tant de femmes qui l'attendent !"

XX

IDENTIFIER L'OISEAU SANS FUSIL

Le 11 mai 1869, Wentworth écrit à Emily une longue lettre, que je retranscris ici dans son intégralité tant elle témoigne de l'intérêt – considérable – et de l'admiration – indéniable –, sinon de la fascination, mais aussi de la vague incompréhension, que suscitaient en lui ses lettres et poèmes, et que viendra confirmer leur première rencontre, l'année suivante. Depuis sept ans qu'ils correspondent, et en dépit de quelques plages de silence, il ne cesse d'être intrigué. Cette voix fine et distante, cultivant souvent, et sans doute à son insu, l'oxymore – fragile et puissante à la fois, affirmative et hésitante –, ces vers farouches, hérissés, sensibles et haletants, qui en peu de mots semblent atteindre droit au cœur des choses, mais aussi sa prose, le ton de ses lettres, leur syntaxe, la disposition des phrases sur la page, la ponctuation, les visions qu'elles révèlent, la lumière, la grâce qui les habitent – tout ceci le touche si profondément qu'il a du mal à imaginer la réalité, la *corporéité* de celle qui, du lointain de sa réclusion, les a écrites.

Il m'arrive de relire vos lettres & vos vers, chère amie, et quand je ressens leur étrange pouvoir, il n'est pas étonnant que j'aie du mal à écrire & que de longs mois s'écoulent. J'ai le plus vif désir de vous voir, me disant toujours que peut-être, si je pouvais une fois vous prendre par la main, je serais peut-être quelque chose pour vous ; mais pour l'instant vous vous cachez dans un linceul de brume ardente & je ne puis vous atteindre, me réjouissant seulement de rares étincelles de lumière. Chaque année je me dis que je vais réussir à me rendre à Amherst & vous voir ; mais c'est difficile car je suis souvent obligé de partir faire des conférences, etc. & voyage rarement pour mon plaisir. Je me rendrais volontiers à Boston, à n'importe quel moment, pour vous rencontrer. Je suis toujours dans les mêmes dispositions à votre égard, et mon intérêt pour ce que vous m'envoyez ne faiblit jamais. J'aimerais avoir de vos nouvelles plus souvent, mais je me sens toujours timide de peur que ce que j'écris ne soit mal ciblé & ne rate la pointe si fine de votre pensée. Il serait facile, je le crains, de vous rater. Pourtant, vous le voyez, j'essaie. Je pense que si je pouvais vous voir une fois et savoir que vous êtes réelle, je m'en sortirais mieux. Cela m'a rapproché de vous de savoir que vous aviez un oncle en chair et en os [William Dickinson, le frère du père d'Emily, qui vivait près de Worcester], bien que je puisse difficilement imaginer deux êtres moins semblables que vous & lui. Mais je ne l'ai pas vu depuis plusieurs années. En revanche j'ai vu une dame [Helen Hunt] qui vous a connue autrefois, mais qui n'a pas pu me dire grand-chose de vous.

Il m'est difficile de comprendre comment vous pouvez vivre si solitaire, avec ces pensées d'une telle qualité qui surgissent en vous & alors même que la compagnie de votre chien vous a été retirée. Mais cela isolerait n'importe qui de penser au-delà d'un certain point, ou d'avoir des fulgurances aussi lumineuses que les vôtres – si bien que le lieu ne fait peut-être aucune différence.

Vous devez bien venir à Boston de temps en temps ? Toutes les dames le font. Je me demande s'il serait possible *de vous attirer aux réunions qui ont lieu chez Mrs Sargent, 13 Chestnut Street, à dix heures du matin, le troisième lundi de chaque mois – lorsque quelqu'un lit un article & que d'autres parlent ou écoutent. Lundi prochain c'est Mr Emerson qui lira et à 3 h 1/2 de l'après-midi, il y aura une réunion du Woman's Club au 3, Tremont Place, où je lirai un article sur les déesses grecques. Ce serait une bonne occasion pour vous de venir, même si je préférerais que vous veniez un jour où je ne serai pas trop occupé, car mon but est de vous voir, plus que de vous divertir. Je serai également à Boston du 25* au 28 juin pour la semaine commémorative – ou peut-être le festival de musique de juin vous tenterait-il ? Vous voyez que je suis sérieux. N'avez-vous pas besoin d'air marin en été ? Écrivez-moi & dites-moi quelque chose en prose ou en vers, & je serai moins pointilleux à l'avenir & plus disposé à écrire des choses maladroites, plutôt qu'aucune.*

Votre ami, toujours

[sans signature]

**Il y a une réunion supplémentaire chez Mrs Sargent ce jour-là et Mr Weiss lit un essai. J'ai le droit de vous inviter et vous pouvez simplement sonner et entrer.*

Elle lui répond en juin – toujours la même réponse. "Vous parlez gentiment de me voir. Si cela vous convenait de venir jusqu'à Amherst, j'en serais très heureuse, mais je ne franchis pas les limites du terrain de mon père pour aller dans une Maison ou une ville." Et c'est à la fin de cette lettre qu'elle lui écrit "Vous n'avez pas eu conscience de m'avoir sauvé la Vie. Vous remercier en personne a depuis lors été l'une de mes rares requêtes."

Il est évident qu'elle ne bougera pas. Il ne reste plus à Wentworth qu'à programmer – enfin ! – un voyage à Amherst. Cela ne semble pas si compliqué – les deux villes, on l'a dit, sont assez proches –, cependant il faudra attendre encore plus d'un an pour que la rencontre ait lieu – huit ans après leurs premiers échanges épistolaires, et quatre ans après que Wentworth eut pour la première fois demandé à rencontrer Emily.

En attendant, il écrit. L'échec de *Malbone* ayant réduit à néant ses espoirs de devenir romancier, il a définitivement décidé de ne plus écrire de fiction, et a repris ce qu'il avait rédigé d'un trait ou presque, une nuit de mars 1864, alors qu'il s'apprêtait à quitter l'armée et le 1st South Carolina Volunteers. Le livre paraîtra à la fin de 1869 sous le titre *Army Life in a Black Regiment*. La moitié environ avait paru en feuilleton dans *The Atlantic Monthly* ; il y ajoute une introduction, sept autres chapitres et divers documents. Comme tous les écrits et propos de l'époque, ce livre n'était pas exempt de stéréotypes sur les Noirs – leur foi religieuse, leur patience, leur indolence, leurs qualités physiques – et sexuelles –, leur docilité, leurs qualités affectives, etc. Le soldat noir est aussi humain, vaillant et courageux que le blanc, mais Higginson insiste sur les différences entre les deux races. Marqué, comme toute la pensée abolitionniste, par la vision anthropologique de l'époque sur les différents tempéraments raciaux, son livre était éloquemment antiesclavagiste, mais en aucun cas égalitaire. Personne, du reste, ne l'était. Comme cela correspondait parfaitement à l'opinion commune des esprits les plus éclairés, le livre, par ailleurs d'assez loin le meilleur qu'il ait écrit, lui vaudra une large reconnaissance. Pour autant, il se sentit peu concerné : "Étonnant de constater à quel point je suis indifférent à la réception de mon livre, par rapport à celle de *Malbone*, qui m'était si proche", écrivit-il à sa parution.

Le mardi 16 août 1870 à 14 heures, Thomas Wentworth Higginson arrive à Amherst, petite ville de trois mille habitants dans une plaine entourée de forêts de sapins et de quelques collines. Quelques jours plus tôt, il avait averti Emily de sa venue. "Je serai chez moi et heureuse", avait-elle écrit. Il descend à l'Amherst House, au centre du bourg.

Depuis quatre ou cinq ans, Emily ne voit plus personne, hormis sa famille. À Amherst, on la surnomme la Reine Recluse, ou le Mythe. On l'imagine inquiète et assez tendue, intimidée, à l'idée de rencontrer Higginson. Le matin elle s'est habillée de blanc, comme cela lui arrive parfois – mais moins souvent qu'on ne le croit : elle-même s'amusait de cette réputation qu'elle avait d'être toujours vêtue de blanc ("Ne dis à personne qu'à présent je porte une robe brune avec une cape si possible plus brune, et avec une ombrelle de la même couleur", écrit-elle à sa petite-cousine Norcross en décembre 1860).

Là encore il faut citer quelques paragraphes d'une lettre, et même de deux, que Wentworth a écrites à sa femme immédiatement après sa visite : outre qu'ils témoignent de la puissante impression que fit sur lui la frêle et farouche poétesse d'Amherst, c'est sans doute le portrait le plus complet que l'on ait d'elle, et la réaction de Wentworth est éloquente.

Le soir même donc, à 22 heures, il écrit à sa femme :

Une grande maison de juriste de province, en briques brunes, avec de grands arbres & un jardin. Un salon sombre et frais, plein de raideur, quelques livres & gravures, et un piano ouvert. Un pas précipité comme celui d'un enfant qui patine dans l'entrée & se glissa dans la pièce une petite femme quelconque avec deux bandeaux de cheveux plutôt roux et un visage (...) sans aucun trait à son avantage, dans un piqué blanc très simple & d'une propreté exquise, & un châle en laine peignée à filet bleu (...). Elle s'est approchée de moi avec deux lys fraîchement cueillis qu'elle a mis dans ma main d'une manière un peu enfantine en me disant "En guise de présentation", d'une voix douce et craintive, en retenant son souffle comme un enfant – & elle a ajouté dans un souffle "Pardonnez-moi si je suis effrayée ; je ne vois jamais d'étrangers et je sais à peine ce que je dis" – mais elle s'est bientôt mise à parler de façon continue & avec déférence – s'arrêtant parfois pour me demander de parler à sa place – mais enchaînant tout de suite.

Suit une série de sept phrases prononcées par elle, et que cite Higginson, dont la célèbre "Si je lis un livre et qu'il rend mon corps si froid qu'aucun feu ne pourra jamais me réchauffer, je sais que *c'est* de la poésie. C'est la seule façon que j'ai de le savoir. En existe-t-il d'autres ?" (plus ou moins l'inverse de la tout aussi fameuse phrase de Kafka, dans une lettre de 1904 à Oskar Pollak : "Si le livre que nous lisons ne nous réveille pas d'un coup de poing sur le crâne, à quoi bon le lire ? (...) un livre doit être la hache qui brise la mer gelée en nous.") ; ou : "Comment les gens font-ils pour vivre sans aucune pensée ? Il y a beaucoup de gens dans le monde (vous avez dû les remarquer dans la rue). Comment vivent-ils ? Comment trouvent-ils la force de s'habiller le matin ?" (et là aussi on peut penser à Kafka : "La vie est une continuelle distraction qui ne permet pas même d'arriver à se demander de quoi elle distrait.")

Le lendemain à midi, il écrit encore à Mary.

J'ai quitté Amherst ce matin à 9 h et t'ai envoyé une lettre la nuit dernière (...). J'ai entrevu Mr Dickinson ce matin – maigre, sec & muet – J'ai compris quelle a dû être sa vie à elle. (...) Son père n'était pas sévère, je pense, mais distant. Il ne voulait pas qu'ils lisent autre chose que la Bible. Un jour, son frère ramena un livre de Kavanagh [Julia Kavanagh, romancière irlandaise] à la maison, le cacha sous le couvercle du piano, lui fit un signe & ils le lurent : son père finit par le trouver & fut mécontent.

La lettre contient quatre autres citations d'Emily parmi lesquelles : "*Je n'ai jamais eu de mère. Je suppose qu'une mère est quelqu'un vers qui on se précipite quand on est en difficulté*" ; "*Pouvez-vous me dire ce qu'est un foyer ?*"

Jérémie, lorsqu'il contemple la face de Dieu, mentionne ses os ébranlés, et la sensation d'ébriété qui est la sienne (XXIII, 9). Daniel tombe dans la langueur et reste malade plusieurs jours (VIII, 27). Habacuc a les lèvres qui tremblent, et ses genoux chancellent (III, 16). Wentworth, lui, ne contemple pas tout à fait la face de Dieu : il se contente d'une poétesse en robe blanche – au demeurant, il n'est pas prophète. Mais il conclut sa lettre ainsi :

Je n'ai jamais rencontré quelqu'un qui m'ait autant vidé de ma force nerveuse. Sans que je la touche, elle a tout puisé en moi. Je suis heureux de ne pas vivre près d'elle. À plusieurs reprises elle trouvait que j'avais l'air fatigué *& semblait très soucieuse des autres.*

Vingt et un ans plus tard, il écrira, dans la livraison d'octobre 1891 de *The Atlantic Monthly* : "L'impression que j'ai eue est sans aucun doute celle d'un excès de tension et d'une vie anormale. Peut-être aurais-je pu, avec le temps, dépasser cette relation un peu trop tendue que nous avait imposée non pas ma volonté, mais ses besoins. J'aurais certainement été très heureux de la ramener au niveau de la simple franchise et de la camaraderie quotidienne ; mais ce n'était pas vraiment facile. Elle était un être beaucoup trop énigmatique pour que je puisse en percer le mystère en une heure d'entretien, et mon instinct me disait que la moindre question directe la ferait rentrer dans sa coquille. Je ne pouvais que rester assis, immobile, et l'observer, comme on le fait dans les bois. Je devais identifier l'oiseau sans fusil, comme le recommande Emerson."

XXI

SECONDE VISITE

Cette correspondance entre Emily et Wentworth est comme la respiration d'un rêveur nocturne, qui alterne accélérations, pauses, reprises haletantes, longues plages de silence ; elle est entrecoupée de ces rêves brefs et soudains que sont les fulgurances poétiques, lumineuses, d'Emily. Pas uniquement ses poèmes : le contenu de ses lettres aussi bien. Plus tard, Stefan Zweig dira sa chance d'avoir approché “le poète absolu”, Rainer Maria Rilke, qui était poète en toutes circonstances – poète lorsqu'il se lavait les mains, poète lorsqu'il marchait dans la rue, poète lorsqu'il nouait les lacets de ses chaussures… Emily était poète en faisant le pain pour toute la maisonnée, poète lorsqu'elle brisait une assiette pour protester contre une injonction de son père, poète en écrivant ses lettres. Il n'y a pas d'un côté la correspondance, et de l'autre “l'œuvre” : c'est tout un. Elle croyait écrire des lettres, et écrivait des poèmes.

Pendant des mois ils restent silencieux l'un à l'autre. C'est toujours Emily qui s'en alarme. C'est souvent Wentworth qui renoue le lien par une longue lettre. Sans doute ne mesure-t-il pas l'effet que produisent sur elle aussi bien la stérilité de ces silences que certains de ses propos, qu'elle prend pour des confidences, des attentions, ou des marques de confiance. Un jour, avant de lui rendre visite en août 1870, il évoque brièvement Mary au détour d'un commentaire sur les poèmes d'une musicienne. Cela la touche tant qu'elle se met à rêver d'elle, et le lui dit lors de leur rencontre. Il en est interloqué. Dans sa lettre à sa femme le lendemain de sa visite, il écrit : "E. D. a rêvé toute la nuit *de toi* (pas de moi) & a reçu le lendemain ma lettre lui proposant de venir ici !! Elle ne connaissait ton existence que par une mention dans mon avis sur [la musicienne et poète] Charlotte Hawes." Par la suite, et jusqu'à la mort de Mary, une correspondance s'ensuivra entre elle et une Emily affectueuse, attentionnée ("Peut-être dormez-vous pendant que j'écris, car il est tard, et je vous souhaite une Bonne Nuit avec des lèvres fictives, car pour moi vous n'avez pas de Visage") ainsi que quelques présents échangés – l'image d'une Madone à l'Enfant (la *Madone Sixtine* de Raphaël, ou Madone de Dresde, dont Dostoïevski avait aussi, à la même époque, une reproduction affichée au-dessus de son bureau à Saint-Pétersbourg), une feuille de fougère séchée.

En septembre 1871, Higginson fait paraître un essai sur Hawthorne (*An Evening with Mrs Hawthorne*, "Une soirée avec Mrs Hawthorne"), qui sera suivi d'un autre en 1872 (*Hawthorne's Last Bequest*, "Les dernières volontés de Hawthorne"), ainsi qu'un ensemble intitulé *Essais atlantiques*. "Une pure joie", dira Emily après les avoir lus, le remerciant aussi de lui avoir conseillé de lire les poèmes de Helen Hunt, dont elle dira qu'ils sont "les plus forts écrits par une Femme depuis Mrs Browning, à l'exception de Mrs Lewes. (...) Tant que Shakespeare est là, la Littérature tient bon, ajoute-t-elle – un Insecte ne peut s'enfuir avec la Tête d'Achille".

La littérature, l'écriture, lui prennent tout son temps ; la politique s'éloigne (autre effet de balancier : vingt ans plus tard, ce sera l'inverse). Il prend ses distances avec le Parti républicain et le président Grant, qu'il juge honnête mais étroit d'esprit et obstiné – et son administration, de plus, fortement corrompue. Son frère aîné Francis, le médecin de la famille, "pionnier de la cause antiesclavagiste" selon sa notice nécrologique, meurt le 9 mars 1872. Emily : "Cher ami – Je suis désolée que votre Frère soit mort. Je crains qu'il ne vous ait été cher. Je serais heureuse de savoir que vous avez subi un deuil sans douleur." De fait, cette mort l'affecta un temps, puis il se fit une raison – comme toujours : Francis était âgé, se disait-il (pas vraiment : soixante-six ans – dans dix-sept ans, lorsque Wentworth lui-même atteindra cet âge pas si canonique, il aura comme il se doit changé d'opinion), il avait bien vécu, avait été aimé par sa famille et ses amis, admiré par beaucoup, aussi bien comme homme que comme praticien – il était médecin, soignant gratuitement les plus pauvres, et toujours humainement proche de tous. Et puis lui au moins avait eu des enfants, désir qui n'avait pas abandonné Wentworth – qui cependant voyait mal comment l'assouvir.

Fin avril, il part en Europe pour une tournée de conférences, dont il revient début juillet. Il fait paraître un recueil de portraits et de croquis littéraires, *Oldport Days*. La correspondance avec Emily se fait rare. Elle lui écrit à la fin de l'année. "Vivre est si surprenant, cela laisse peu de place à d'autres occupations, bien que l'Amitié soit un événement si possible encore plus beau. Je suis heureuse que vous ayez fait le Voyage que vous désiriez depuis longtemps – que mon Maître n'ait rencontré ni accident ni Mort (...) Merci d'être venu à Amherst. Si vous pouviez revenir, ce serait encore mieux – même si le plus beau des souhaits est aussi le plus futile."

Elle joint trois poèmes – mais Higginson, occupé à ses tournées, conférences, textes à assembler et articles à rédiger, occupé aussi, lorsqu'il est chez lui, auprès de sa femme de plus en plus dépendante, ne répond pas.

Les mois passent. Wentworth fait paraître dans le *Scribner's Monthly* un poème intitulé *Decoration* pour la commémoration des morts de la guerre civile.

Presque un an plus tard, une autre lettre, sans en-tête, sans signature, avec juste deux phrases inquiètes : "Pouvez-vous m'enseigner maintenant ? Ne voulez-vous donc plus m'instruire ?"

Le 3 décembre 1873, invité à donner une conférence à Amherst, il en profite pour faire une seconde visite à Emily. Au contraire du bouleversement que fut pour lui la première, celle-ci apparemment fut peu significative car on n'en trouve pas trace dans son journal – ni d'ailleurs dans la correspondance d'Emily. Plus de sensation d'avoir été vidé de sa force nerveuse, plus d'épuisement soudain, pas d'ébriété à la Jérémie, pas de langueur à la Daniel, pas non plus de genoux qui chancellent à la Habacuc. Lorsque Wentworth la mentionne dans une lettre à ses sœurs, il écrit : "J'ai vu ma poétesse excentrique, Miss Emily Dickinson, qui ne sort *jamais* de la propriété de son père & ne voit que moi & quelques rares autres personnes. Elle est entrée, vêtue de blanc, m'apportant un daphné odora & m'a dit en retenant son souffle « Combien de temps allez-vous rester ? »"

"Ma poétesse excentrique" ; "mes chers enfants noirs" : il n'est pas impossible que le sensible et très raisonnable Thomas Wentworth Higginson témoigne en privé, à l'égard d'Emily, de la même condescendance affectueuse dont il faisait preuve à l'égard des Noirs de son régiment. Plus tard, dans une lettre à sa sœur Anne, il parlera d'elle en termes toujours aussi amusés, mais un peu plus désobligeants : "ma poétesse d'Amherst à moitié fêlée *("partially cracked")* qui m'écrit & signe « Votre Élève »".

On tique un peu en lisant cela. Cependant, il n'y a peut-être pas de quoi se récrier, drapé dans une sorte de dignité offensée, ni dénoncer, outré, un crime de lèse-poésie. L'épithète utilisée par Higginson ne préjuge en rien de son admiration ni de son intérêt pour Emily et ses poèmes, dont il a témoigné tant de fois et continuera de le faire – il s'agit juste d'une plaisanterie, peut-être pas très heureuse, certes, mais d'une *private joke* sur le dos d'une personne dont il sait que la plupart de ceux qui l'entourent, dont la destinataire de sa lettre, ne peuvent la considérer que comme singulière, excentrique, hors des codes et des conventions du moment – à proprement parler *a-normale*.

XXII

LE BŒUF ET LE PAPILLON BLANC

Pour le Nouvel An de 1874, il lui écrit une longue lettre pour l'assurer qu'elle n'est "pas oubliée", lui dit sa satisfaction qu'ils se soient revus comme de vieux amis fidèles, lui décrit le temps qu'il fait, la neige qui est bien terne à Newport en comparaison des blanches collines d'Amherst, lui dit du bien d'un poème qu'elle lui a remis, lui décrit des lis des champs peints sur des aquarelles que Mary et lui viennent de recevoir pour Noël, et termine en lui recommandant de lire l'édition augmentée des "si beaux" poèmes d'"HH" (Helen Hunt).

Il faut préciser ici que Helen Hunt Jackson était la poétesse préférée de Wentworth : elle était pour lui, disait-il, le type même de "poète de la passion", sachant tempérer ses égarements et contrôler ses impulsions poétiques, tout en étant toujours prête à réviser et à corriger ses vers selon les suggestions qu'il lui faisait – et ceci explique peut-être cela. Il faut dire aussi, mais on le sait bien, que les écrivains et poètes les plus célébrés en leur temps ne sont pas toujours ceux que l'on admirera et célébrera plus tard. À l'époque de Thomas Higginson, les grands noms n'étaient ni Emily Dickinson, ni Herman Melville, ni Walt Whitman mais, pour les plus connus aujourd'hui, Nathaniel Hawthorne et Ralph Waldo Emerson, dans une moindre mesure Edgar Allan

Poe et Henry David Thoreau, mais aussi, ou surtout, Helen Hunt Jackson, Margaret Fuller, Sidney Lanier, Bayard Taylor, Charles Warren Stoddard, William Dean Howells ou Thomas Bailey Aldrich, encensés à l'époque mais totalement oubliés aujourd'hui, si ce n'est par quelques érudits spécialistes de la littérature de ces années-là.

Emily répond en lui parlant d'abeilles, de roses, de brise et d'oiseaux, des lis des champs qui sont les "Bouquets de Cléopâtre", lui disant qu'elle lira "le Livre" qu'il lui conseille, mais qu'elle est, pour l'heure, en train de relire son *Oldport*.

En mai, elle lui écrit : "Mon Frère et ma Sœur aimeraient vous connaître. Deux fois vous êtes parti – Maître – Reviendrez-vous au moins une fois ?"

En juin, son père meurt. Elle met un mois à annoncer la nouvelle à Wentworth : "Son Cœur était pur et terrible (...). J'ai souhaité vous voir depuis la mort de mon Père, et si vous aviez une Heure de libre, cela n'aurait presque pas de prix. Je vous remercie pour chaque gentillesse." Puis, faisant allusion au poème *Decoration*, qu'il lui avait envoyé quelque temps avant : "Votre bel Hymne, n'était-il pas prophétique ? Il a accompagné cette Parenthèse dans l'Espace que j'appelle « Père »."

Et, en juin 1875 : "Cher ami – Mère a été paralysée Mardi, un an après le soir où Père est mort. J'ai pensé que cela ne vous serait peut-être pas indifférent –."

Helen Hunt Jackson, l'ancienne amie d'école d'Emily, qui vient de se remarier et qui, toute féministe qu'elle fût, avait ajouté le nom de son deuxième mari (Jackson) à celui de son premier (Hunt), passe la voir en août, puis en octobre 1876, lui demandant des poèmes pour les faire publier – même anonymement si elle le souhaite, ajoute-t-elle, connaissant les réserves d'Emily sur ce qu'elle considère manifestement comme un dévoilement intime, une mise à nu. Emily, ne sachant que faire, demande conseil à Higginson, lequel comprend mal et croit qu'il s'agit d'écrire des fictions ("Je n'aurais pas pensé à vous conseiller d'écrire des histoires, car il ne me semble pas que ce soit dans vos cordes. Peut-être Mrs Jackson pense-t-elle que le changement, la variété, vous feraient du bien, mais si vous ne voulez vraiment pas tenter l'expérience, je ne pense pas qu'elle ait l'intention de vous y inciter"). Elle décline. Helen Hunt insiste en vain : "Vous êtes un grand poète et vous faites du tort à vos contemporains de ne pas chanter tout haut. Quand vous serez morte, comme on dit, vous regretterez d'avoir été si avare !" Elle lui dit aussi que sa main était si menue dans la sienne qu'elle lui a fait peur, et qu'elle a eu l'impression d'être "un grand bœuf parlant à un papillon blanc".

Mary Higginson, après tant d'années malade et épuisée, meurt le 2 septembre 1877. Dans sa notice nécrologique, Wentworth la décrit comme une "tour pleine de vigueur" malgré sa faiblesse physique, et une "reine invalide". Il loue son humour, sa force d'âme et ses capacités. Y révèle aussi qu'elle n'aimait pas particulièrement les enfants, car elle avait, disait-elle, "peur d'eux".

Six mois plus tard, il quitte Newport et retourne vivre à Cambridge, puis décide d'effectuer un voyage dans le Sud. Il se rend d'abord à Jacksonville, le point le plus au sud où il s'était rendu pendant la guerre. "Je suis tout seul avec les fantômes d'il y a quinze ans. J'ai un cheval, et suis allé ici et là à la recherche de mon passé." L'étrangeté qu'il ressent à ce retour le fait se sentir comme Rip Van Winkle, le personnage de Washington Irving qui, après avoir bu une liqueur que lui avaient donnée d'étranges personnages, s'était endormi pendant vingt ans dans une forêt des monts Catskill – et il n'est peut-être pas anodin de remarquer que dans la nouvelle, Rip Van Winkle est affligé d'une épouse acariâtre et dominatrice, et que la sensation de renouveau qu'il éprouve à son réveil deux décennies plus tard tient aussi au fait que son épouse, entre-temps, est morte.

En Virginie, en Caroline du Sud, il est étonné de voir des Noirs installés dans des voitures de première classe, sans qu'il y ait la moindre remarque de la part de quiconque. En Géorgie, les Noirs ne voyagent qu'en deuxième classe, mais une deuxième classe "décente", note-t-il, et sans ségrégation. Le Sud, conclut-il, a fait aussi bien, ou mieux, que la Nouvelle-Angleterre dans le traitement des Nègres.

Au printemps 1878, il part pour l'Europe et donne quelques conférences en Angleterre et en France. Au théâtre des Folies-Marigny, il assiste à une soirée en l'honneur du centenaire de Voltaire. Ce qui le frappe, notamment, c'est que le public n'est constitué que d'hommes, "tous d'une apparence singulièrement pensive et distinguée", qu'à peine "quelques-uns, très peu, portent la blouse de l'ouvrier", et que les applaudissements "sont produits par les mains seulement, jamais par les pieds". Victor Hugo est présent ; il lit sans lunettes et avec de grands gestes, doigts écartés et tremblants, se frappant parfois la tête comme pour arracher ses cheveux blancs.

Il revient en octobre. "J'espère que vos promenades ont été douces et vos rêveries spacieuses – Avoir vu Stratford on Avon – et la Madone de Dresde, doit presque être la Paix", lui écrit Emily.

Le 1er décembre de cette année-là, le *Springfield Republican* publie l'annonce de ses fiançailles avec Mary

Potter Thacher, de vingt et un ans sa cadette. Elle avait été l'auteure de *Seashore and Prairies*, un ensemble d'essais paru en 1877. Wentworth et elle s'étaient d'abord rencontrés pour des raisons littéraires : l'un de ces essais s'intitulait *Waterlilies in Newport*, dans lequel elle décrivait "un professeur qui, n'ayant pas d'enfants, avait conservé en lui toute sa jeunesse, et gardait un œil vigilant sur nous tous". Higginson, qui s'était reconnu dans le portrait, avait de plus publié en 1858 dans *The Atlantic Monthly* un essai intitulé *Waterlilies*. Mary avait trente-cinq ans, mais en paraissait dix de moins. Lui en avait cinquante-six.

XXIII

"CALLED BACK"

En février 1879 eut lieu le mariage de l'ex-révérend et ex-colonel Thomas Wentworth Higginson (qui avait cependant conservé les deux titres) et de la jeune et jolie – grande, brune, bouclée, pâle, douce, souriante – Mary Potter Thacher. Une nouvelle vie commençait. Parfois le soir, avant de s'endormir, sa jeune épouse à ses côtés, alors qu'il venait de souffler la bougie, il pensait aux cinq décennies qu'il avait déjà passées sur terre, et était pris d'une sorte de vertige en se disant qu'il avait, comme tout le monde, vécu plusieurs vies, côtoyé des centaines, sinon des milliers d'individus de toutes sortes, mené plusieurs combats, et que parmi l'infinité de destins possibles qui s'étaient présentés à lui au cours de toutes ces années, les choix qu'il avait faits l'avaient mené là où il se trouvait actuellement et pas ailleurs, dans la pénombre de cette chambre du 20 Ware Street de la petite ville de Cambridge, sa jeune épouse endormie à ses côtés – alors que s'il en avait fait quelques-uns d'à peine différents, tout, absolument tout, en eût été changé. Si par exemple il ne s'était pas, à l'âge de dix-huit ans, lassé un jour des cours qu'il donnait dans cette école dont il avait oublié le nom, il n'aurait jamais fait office de précepteur chez son cousin Stephen Perkins, n'aurait jamais rencontré chez lui sa première femme Mary, et l'ensemble de sa vie en eût été radicalement différent : outre qu'il n'aurait jamais épousé Mary, il n'aurait probablement pas non plus subi l'influence intellectuelle et politique de son cousin Perkins, ni de William Henry Channing, le père de Mary, ni de quelques autres qu'il avait rencontrés chez lui, n'aurait sans doute pas non plus mené ensuite tous ces combats en faveur de l'abolition de l'esclavage – tout ce qui, en somme, avait orienté et décidé du cours de ses jours pendant les trente années à venir. Il suffisait d'un pas suspendu, d'une porte non franchie, d'un couloir non emprunté, d'un choix de tourner à gauche plutôt qu'à droite, ou l'inverse, et une infinité de vies s'évanouissaient tandis qu'une autre, si évidente, si logique *a posteriori*, prenait toute la place – la seule et unique place. Quels étaient les choix qui avaient rendu possible sa rencontre avec sa deuxième épouse Mary ? Lorsqu'il se posait cette question, sa tête s'embrouillait de myriades de fils entremêlés dont il fallait remonter le cours pour en trouver l'origine afin de mesurer leur interaction avec d'autres fils, et en général il arrêtait là ses spéculations, se retournant dans son lit et posant son bras droit sur l'épaule de Mary, qu'il surnommait Minnie pour marquer la différence avec sa première épouse, et qui lui tournait le dos en respirant doucement.

Le mariage fut immédiatement suivi d'une lune de miel, qu'il proposa de passer dans le Sud, à Harpers Ferry – une manière de partager avec Minnie certains des vestiges de sa vie d'avant. Lesquels, là-bas, ne manquaient pas : John Brown était resté une gloire locale, et le souvenir de la guerre était vivace. Ils étaient arrivés le soir dans une sorte de gare démantelée, où se tenait un vieil homme aux longs cheveux blancs portant une lanterne, accompagné de deux jeunes filles blondes qui les avaient guidés dans un dédale de rues en pente, avec au-dessous d'eux les contours flous de la rivière et le bruit des eaux sur leur lit peu profond, et au-dessus la masse sombre des montagnes. Puis ils avaient tourné dans un chemin étroit pavé de roche, avec de hautes maisons en pierre, pour la plupart en ruine. Tout cela lui faisait penser à un village de montagne suisse ou italien, au décor d'un conte gothique. Dans leur chambre, une table portait des traces de fusillade – souvenir de la bataille qui s'était déroulée là en septembre 1862, trois ans après l'assaut mené par John Brown. Le lendemain, des habitants étaient venus lui rendre visite et l'inviter à déjeuner, heureux d'accueillir le célèbre colonel Higginson dans leur village. Près de la ligne de chemin de fer, il y avait un bâtiment avec une pancarte indiquant *John Brown's fort* – l'endroit où Brown et ses hommes s'étaient retranchés et d'où avaient été tirés les premiers coups de feu. Ils se rendirent à Charles Town, en Virginie, où Brown et les autres avaient été emmenés après l'attaque de Harpers Ferry. Ils virent la prison, et la cellule où Brown était enfermé, et visitèrent le palais de justice où eut lieu le procès, dont ils examinèrent les actes. Puis ils virent l'endroit où Brown fut pendu. Une manière de partager des bribes de son passé, certes, mais aussi, manifestement, une sorte de pèlerinage intime – comme une récapitulation, un chapitre que l'on clôt.

Lorsqu'ils rentrent de leur lune de miel, Minnie est enceinte. Wentworth exulte. Ce qui pendant tant d'années lui avait été refusé lui était soudain, et si facilement, accordé. Certes il ne sera pas un jeune père, mais il sera père tout de même.

Une nouvelle fois, la correspondance avec Emily subit un coup d'arrêt. Une nouvelle fois, elle s'en alarme :

"Dois-je perdre l'Ami qui m'a sauvé la Vie, sans demander pourquoi ?" Une nouvelle fois, il finit par lui écrire longuement, et lui envoie son dernier livre, *Short Studies of American Authors* (des études sur Thoreau, Poe, Hawthorne, William Dean Howells, Helen Hunt, Henry James), qui sortira l'année suivante. "De Poe je sais trop peu pour penser quelque chose, répond-elle – Hawthorne épouvante, attire – Mrs Jackson s'envole à juste titre dans votre estime comme un Oiseau, mais pour Howells et James, on hésite – votre impitoyable Musique damne comme elle rachète –."

Au début de 1880 naît le premier enfant de Minnie et Thomas Higginson, qu'il baptise du nom de sa mère, Louisa. Mais bien qu'elle parût très robuste à la naissance, elle meurt d'une méningite au bout de quelques semaines. Emily l'apprend dans le journal. "J'ai espéré que ce n'était pas vrai." Elle envoie un poème :

Le visage qui repose Évanescent
Est plus distinct que le nôtre
Et le nôtre en sa faveur abdique
Comme les Bourgeons devant les Fleurs —

Une nièce de Higginson, présente aux funérailles du bébé, écrit : "Je n'oublierai jamais le beau regard transfiguré de l'oncle Wentworth lorsqu'il a dit d'une voix brisée mais forte : « Le Seigneur a donné, le Seigneur a repris. Béni soit le nom du Seigneur »" – une citation du Livre de Job.

Pendant quelques semaines, Wentworth est au ralenti. Il ne bouge plus guère de Cambridge, ne quitte plus son épouse, dont la compagnie l'apaise. Il hésite encore à se le dire, mais parfois, parfois seulement, il se sent un peu vieillir. Cependant, fidèle à son tempérament optimiste et déterminé, il ne lui faut qu'un peu plus d'un mois pour reprendre le dessus et écrire à sa sœur Anne, chez qui sa femme et lui étaient allés passer quelques jours : "Aujourd'hui, nous sommes de retour dans notre chère maison et je ressens un sentiment de vie nouvelle, de joie et d'espoir en ce beau jour de printemps."

À la suite de diverses sollicitations, il se présente à des élections locales et est élu le 4 novembre 1880 au corps législatif du Massachusetts. Son énergie se trouve décuplée par le fait que peu de temps après, Minnie est à nouveau enceinte. Le 25 juillet 1881, une deuxième fille, Margaret, leur naît.

"Je suis très heureuse de la Petite Vie, lui écrit Emily, et j'espère qu'elle ne s'enfuira pas plus loin que les Bras de son Père – Je connais peu de Tout-Petits mais les aime très tendrement – Ils me semblent être une Nation de Peluches ou une Race de Duvets."

Il n'y aura plus que neuf lettres d'Emily Dickinson à Thomas Higginson. Deux à l'été 1882, dont une où elle évoque la mort du révérend Charles Wadsworth ("L'ami qui sur terre m'était le plus cher est mort en avril"), mais aucune en revanche où elle fait part de la mort de sa mère en novembre ("Elle a glissé de nos doigts comme un flocon emporté par le vent, écrit-elle à ses cousines, et fait désormais partie de ce courant appelé « l'infini »") ; une en avril 1883, l'année où meurt son neveu Gilbert, le fils de son frère Austin et de Susan, âgé de huit ans – bien que leurs maisons se jouxtent, elle n'est plus allée chez eux depuis une quinzaine d'années et ne communique presque plus que par lettres avec Sue ; une au printemps 1884 où elle demande à Higginson de passer à Boston prendre un livre qu'elle a commandé pour Margaret ; en juin de cette année-là elle voit "une grande obscurité arriver", s'effondre dans la cuisine et demeure inconsciente jusqu'à la nuit – après quoi elle demeurera toujours faible et souffrante ; une autre lettre à Higginson en février 1885 ; une en août 1885 où elle joint un article du *Springfield Republican* annonçant que Helen Hunt Jackson est mourante ("J'ai été incroyablement choquée de lire ceci dans le journal du matin… Elle m'a écrit au printemps qu'elle ne pouvait plus marcher, mais pas qu'elle allait mourir – j'étais sûre que vous seriez au courant. Je vous en prie, dites que ce n'est pas vrai") ; et trois en avril et mai 1886. Sa dernière est datée de début mai, après qu'elle eut appris que Higginson était souffrant et avait annulé une conférence : "Dieu vit-Il maintenant ? Mon ami – respire-t-il ?"

Sa toute dernière lettre, quatre mots à peine, sera adressée à ses cousines courant mai, alors qu'elle sent que la fin approche :

"Petites Cousines
Rappelée *["Called back"]*
Emily"

Le 13, elle tombe dans le coma. Sa sœur Lavinia fait venir Austin et le Dr Bigelow, qui restent auprès d'elle une bonne partie de la journée. Elle ne reprit jamais conscience. Mourut vers six heures du soir, le samedi 15 mai 1886, de la maladie de Bright – une néphrite chronique incurable, maladie rénale dont était mort aussi Mozart. Elle avait cinquante-six ans.

Dans le carré familial du petit cimetière d'Amherst, sur la pierre tombale d'Emily – de même taille que celle de sa sœur Lavinia, mais plus petite que celles, à ses côtés, de son père Edward et de son oncle Samuel –, au-dessous des stylos et pièces de monnaie qui y sont régulièrement déposés, la date de sa mort n'est pas précédée, au contraire des autres, de l'inscription *"Died"* mais de : *"Called back"*.

XXIV

APRÈS EMILY

Grâce aux revenus réguliers apportés par ses articles dans *The Atlantic Monthly*, *Scribner's*, *The Nation*, *The Woman's Journal*, et les droits d'auteur de ses deux succès, *Army Life in a Black Regiment* et *Young Folks' History of the United States*, paru en 1875, Higginson fait construire une maison de style "Queen Ann" au 29 Buckingham Street, toujours à Cambridge, où Minnie, Margaret et lui emménagent bientôt. Il continue d'écrire et de publier, surtout des textes et ouvrages historiques. Il avait notamment fait paraître, l'année précédente, *Larger History of the United States*, un livre qui soulignait, non sans l'exagérer un peu, le rôle des femmes dans l'histoire américaine.

Pendant ces années-là il publia de nombreux textes critiques sur la poésie de l'époque – il était à présent considéré comme un critique littéraire majeur. Lui-même cependant écrivait peu de poèmes ; les plus populaires avaient été ceux commémorant la guerre de Sécession, le plus connu étant *Waiting for the Bugle*, qu'il lira en 1888 devant une assemblée de vétérans. Il s'agissait de poèmes généralement lyriques, et très conventionnels quant au mètre et à la forme : strophes de quatre vers, rime alternée, pentamètre iambique.

C'est dire, et je l'ai déjà dit, si les singuliers, palpitants, indociles, inquiets, lumineux poèmes d'Emily Dickinson se situaient aux antipodes de cette poésie-là, et si l'incompréhension de Wentworth, du moins au tout début, est tout sauf surprenante. Dès leur premier échange de lettres, il était évident qu'il n'y avait aucune chance qu'il pût jamais, comme il l'aurait sans doute souhaité, former, infléchir ou modeler la poésie d'Emily, faire office de mentor masculin guidant une femme enfantine et poète – laquelle cependant ne cessa de lire et d'apprécier ses ouvrages, de l'appeler "Maître", et de signer "Votre Élève".

Emily écrivit 1 789 poèmes en trente ans, dont la moitié en moins de dix ans, de 1862 à 1872. Sa période de plus grande activité poétique aura été en 1862 et 1863, dès le début de sa correspondance avec Higginson – comme si celle-ci avait ouvert des vannes invisibles et permis à un immense flot de poèmes de déferler sur les carnets, cahiers et enveloppes qu'utilisait Emily. Si bien qu'à l'influence déterminante, tout à fait consciente et volontaire, de Higginson sur la publication posthume des poèmes d'Emily, il convient peut-être d'ajouter une autre influence, involontaire et inconsciente celle-ci, qui aura obscurément poussé Emily à écrire une partie essentielle de son œuvre à la suite de leurs premiers échanges épistolaires. De ces presque mille huit cents poèmes, six seulement furent publiés de son vivant, dans différents journaux, en 1852, 1861, 1864 (deux poèmes), 1866, et 1878, ce dernier dans un recueil anonyme et collectif, *A Masque of Poets* – et que l'on crut être un poème d'Emerson.

Le 15 mai 1886, Emily meurt dans son lit après trois jours de coma et de râle incessant. Son frère Austin écrit dans son journal : “La journée a été terrible… elle a cessé cette horrible respiration juste avant que la cloche de l’après-midi ne sonne six heures.”

Elle fut enterrée dans un cercueil blanc entouré d’orchidées, d’héliotropes et de violettes. Wentworth fit le déplacement depuis Cambridge. Il lut un poème d’une autre Emily, Emily Brontë, que la poétesse d’Amherst aimait particulièrement : *No Coward Soul is Mine (Mon âme n’est pas lâche).*

D’une Emily à l’autre, des constantes : la nature, le refus du monde, l’importance de la fratrie, un père “au cœur pur et terrible”, un grand chien (terre-neuve pour l’une, bullmastiff pour l’autre), une sombre et lumineuse poésie, une reconnaissance posthume.

On dit que sa belle-sœur Susan, sa chère amie d’enfance Sue, l’épouse de son frère Austin, n’assista pas à l’enterrement, car une jeune femme nommée Mabel Loomis Todd, dont il était de notoriété publique qu’elle était la maîtresse d’Austin bien qu’elle fût plus jeune que lui de vingt-cinq ans, y était présente. Emily, pour cette raison, appréciait peu Mabel Todd – qui cependant sera elle aussi, comme Thomas Higginson, déterminante pour la publication posthume de ses poèmes.

Amie, comme son mari l’astronome David Todd, de la famille Dickinson, elle-même écrivaine et bientôt éditrice – et par ailleurs, mais c’est une anecdote, première femme occidentale à faire l’ascension du mont Fuji en 1887 où elle avait accompagné son mari au Japon pour photographier une éclipse solaire –, Mabel Todd n’avait pourtant pratiquement jamais vu Emily en personne (“nos entretiens se réduisaient essentiellement à des conversations qui se déroulaient entre le petit salon brillamment éclairé où l’on me faisait toujours asseoir et le couloir sombre tout juste contigu où elle demeurait toujours"). Trois ans après la mort d'Emily, Higginson et elle se rencontrèrent et elle lui montra deux cents poèmes, qu'elle avait copiés d'après les manuscrits que lui avait montrés Lavinia, la sœur d'Emily. Selon les conseils de la famille Dickinson, elle cherchait auprès de lui une aide afin de les publier. Wentworth en avait déjà lu une centaine, ceux qu'Emily avait joints à leur correspondance pendant presque un quart de siècle.

D'abord il hésita : il avait quelques problèmes de santé à cette époque (c'était en 1889, il avait soixante-six ans, l'âge auquel était mort son frère Francis, qu'il estimait âgé à ce moment-là), avait d'autres projets littéraires personnels dans l'immédiat, et la poésie d'Emily était si particulière, si surprenante, si insaisissable, était-il bien sage d'en envisager la publication ? Y aurait-il un public pour les lire ? Cependant il consentit à y travailler, pourvu que Mabel Todd s'occupât de la majeure partie du travail éditorial – ce qui, après tout, était son métier. Lui serait responsable de la publication finale, de la préface, de divers ajustements, et de la publicité faite à l'ouvrage. C'est en examinant attentivement ces trois cents poèmes (ceux que lui avaient envoyés Mabel, plus ceux qu'il avait gardés d'Emily) qu'il prend pleinement conscience de la puissance, de l'absolue nouveauté, et de la qualité de l'ensemble. Il en est ébloui. "Je ne puis vous dire à quel point j'aime ces poèmes, lui écrit-il. Beaucoup d'entre eux sont nouveaux pour moi, qui me coupent le souffle et dont la *forme* dépasse la plupart de ceux que j'ai vus auparavant. Ma confiance quant à leur qualité et leurs capacités s'en trouve grandement renforcée."

Certes, on ne se refait pas : les deux que Higginson jugent les meilleurs sont les plus conventionnels quant au rythme, au mètre ou au contenu. *Glee! The Great Storm Is Over!* (poème 685), et *I Know Some Lonely Houses off the Road!* (311), qu'il intitulera *The Lonely House*. Car avant d'en envisager la publication, Wentworth aussi bien que Mabel Todd attribuèrent des titres à quelques-uns d'entre eux, et surtout tentèrent de gommer ce qu'ils jugeaient un peu trop bizarre dans quelques autres. À propos de *"The Grass so little has to do / I wish I were a Hay"* par exemple (poème 379) – *"L'Herbe a si peu à faire / je voudrais être un Foin"*, ce qui surprend un peu –, il écrit : "Je ne peux pas laisser ça, tout le monde sait que *"hay"* est un nom collectif qui appelle un article partitif ou défini, et non indéfini." Il enverra donc *"the hay"* ("le foin") à l'éditeur. C'est un détail. Plus autoritaire : dans le poème 479 *(Because I Could not Stop for Death)*, il remplace *"The Cornice — in the Ground"* ("La Corniche — Enterrée" : la corniche du cercueil) par *"The Cornice but a mound"* ("La corniche n'était qu'un monticule"), et supprime le dernier quatrain, qui est révélateur du thème du poème – la mort *("la tête des Chevaux était / Tournée vers l'Éternité")*.

Aujourd'hui on crierait au sacrilège devant de telles pratiques, surtout concernant une poétesse devenue quasiment mythique, dont on admire aussi bien la personne que les vers, et dont on sait, au contraire de Todd et de Higginson, l'importance qui sera la sienne dans l'histoire de la poésie. C'est d'ailleurs une des raisons pour lesquelles il fut parfois attaqué, rabaissé, si ce n'est méprisé : "poète mineur" (certes), "incapable" *("bungler")* ayant (momentanément) altéré les vers d'Emily, "transcendantaliste (qu'il n'était pas) à l'élégance défraîchie", etc. Il n'est pourtant pas rare que les éditeurs aménagent le texte d'un auteur pour l'adapter à ce qu'ils estiment être le goût du public – surtout aux États-Unis, et surtout à cette époque-là. Et plus tard encore : on sait bien que de nombreuses nouvelles de Raymond Carver ont été retouchées – et même plus que retouchées : réduites parfois de plus de leur moitié, à grands coups de ciseaux, par son éditeur, qui estimait – souvent à juste titre, soit dit en passant, bien que cela déprimât considérablement Carver – qu'ainsi elles seraient plus équilibrées, précises et frappantes. Meilleures, en fait.

Quoi qu'il en soit, en dépit de quelques réécritures et ajustements – corrigés dans les éditions suivantes –, c'est bien Higginson qui porta à bout de bras la publication des poèmes d'Emily, laquelle fut, de plus, parfois chaotique et compliquée en raison d'histoires de famille, de rivalités et de disputes entre Lavinia, la sœur d'Emily, Susan, sa belle-sœur, et Mabel Todd, la maîtresse d'Austin.

Pour annoncer le volume à venir, Wentworth écrit un article dans *The Christian Union*. Emily, dit-il maladroitement, faisait partie de ces poètes "qui écrivent pour soulager leur âme, sans penser à la publication". Dans la préface à la première édition cependant, il fait volte-face, réfute cette histoire d'âme soulagée, et souligne au contraire qu'Emily n'avait absolument pas le choix dans sa *manière* d'écrire, ni dans la manière dont elle recevait ses poèmes, comme des *flashes* totalement originaux et profonds sur la nature et la vie.

La publication a lieu le 12 novembre 1890. Higginson écrit à Mabel Todd : "Livres juste arrivés – reliés. Je suis *stupéfait* en les feuilletant. Comment avons-nous pu douter."

Ce qui est encore plus stupéfiant est leur succès public. La première édition de cinq cents exemplaires est rapidement épuisée, suivie d'une deuxième, puis d'une troisième, puis d'une quatrième édition.

Higginson en fait la promotion en écrivant plusieurs articles, dont un essai biographique dans *The Atlantic Monthly*, où il décrit leurs rencontres et cite abondamment des passages des lettres qu'elle lui a écrites. Il souligne la tension extrême de la "vie anormale" d'Emily, mais insiste pour la première fois sur le fait qu'il a toujours su qu'elle était un génie. Après avoir dit qu'Emily pouvait "attendre plusieurs jours un mot qui la satisfît", il finit par changer de point de vue et dire que sa poésie manquait d'un travail de révision, qu'elle était comme l'expression spontanée d'un "génie poétique pitoyablement enfantin" *("pitifully childlike poetic genius")*, étrange, solitaire et maladivement sensible. Sa poésie, avec toutes "ses fautes littéraires flagrantes", écrit-il, ne pouvait être appréciée qu'en termes de ce que "Ruskin décrit comme « la perfection et la précision de la ligne instantanée »". Dans une chronique non signée dans *The Nation* pour un deuxième recueil, il dit aussi que ces poèmes étaient considérés par elle comme "des esquisses, et non des travaux achevés" – ce qui se discute. Pour lui, la qualité obscure et impénétrable de sa poésie à la grammaire brisée, qui "méprise la forme", peut être comprise si l'on considère qu'Emily "se contentait d'un premier jet" et qu'il lui manque donc "le contrôle et les corrections inhérents à l'expression littéraire". Ce qui, bien entendu, se discute aussi.

Higginson, ou l'effet de balancier permanent. On l'a vu lors de ses années militantes et militaires : mondain, conventionnel et coquet, mais aussi déterminé, combatif et passionné pour les causes auxquelles il croit ; l'action, le courage physique, l'intrépidité ; puis le retrait, la contemplation, la nature ; puis à nouveau l'action, l'énergie, la confrontation, etc. Ou dans sa relation à John Brown : enthousiaste, désireux de le rencontrer ; puis réservé, méfiant, refusant de financer ses opérations ; puis louant sa mémoire après sa mort.

Le bonhomme est déconcertant.

Quant aux poèmes d'Emily : la surprise, puis l'adhésion, puis l'enthousiasme, puis la réflexion pondérée venant modérer l'enthousiasme ; les publiant et les défendant bec et ongles – mais non sans émettre parfois quelques réserves afin de rester, tout de même, dans le bon goût, le sens commun, convenu, de l'époque.

En 1895, cinq ans après la première édition, trente mille exemplaires des poésies d'Emily Dickinson s'étaient vendus. Le chiffre est considérable ; il réjouirait aujourd'hui la plupart des romanciers, et tous les poètes sans exception. Publiquement, Higginson la rangeait aux côtés des femmes poètes qu'il estimait particulièrement, Helen Hunt Jackson et Elizabeth Browning. En privé, peut-être avec une pointe de jalousie, il estimait qu'elle n'avait sans doute pas été lue par "les esprits les plus fins".

Aujourd'hui, une fois encore, on se récrie en lisant cela. Comment lui, le poète médiocre, le littérateur complaisant, peut-il ainsi, alors même qu'il leur permet d'exister publiquement, juger des vers d'une telle singularité, d'une telle force, si éloignés de ce qu'il pouvait écrire (si éloignés de ce qui s'écrivait à l'époque, tout court), si supérieurs à sa propre poésie ?

Il faudrait déjà savoir ce qu'il entendait par "esprits les plus fins" ; mais peut-être faut-il noter aussi une chose à propos du choix desdits poèmes : hormis Higginson, ce sont des femmes qui ont soutenu et promu l'œuvre d'Emily – Helen Hunt Jackson, sa belle-sœur Susan Gilbert, sa sœur Lavinia, et Mabel Loomis Todd. Et c'est une autre femme, spécialiste d'Emily, Claire Malroux – derrière qui je m'abrite prudemment pour ne pas être taxé d'un parti pris antiféministe aussi éloigné de mes préoccupations que de mes convictions –, qui indique que, paradoxalement, cela a pu nuire au départ à la réception de son œuvre, quoique pas à son succès : les premiers poèmes publiés étaient en effet les plus "féminins" *(sic)* ou du moins ceux que l'on avait estimés être le plus adaptés à un public féminin – qui, jadis comme de nos jours, constituait l'essentiel du lectorat de poésie, sinon du lectorat tout court –, c'est-à-dire des poèmes "peuplés d'oiseaux, de fleurs et d'abeilles". Les plus ardus, les plus exigeants, les plus mystérieux, attendraient quelques années encore. Peut-être Higginson faisait-il allusion à cela. Peut-être pas. On n'en sait rien. Peut-être était-il tout simplement à la fois très satisfait et secrètement un peu jaloux du succès, pour le moins inattendu, de sa chère petite poétesse à moitié fêlée.

XXV

CRÉPUSCULE

La politique lui prenait tout son temps. La soif de reconnaissance, la volonté d'influencer son époque, qui toutes deux l'animaient depuis la fin de son adolescence, ne l'avaient toujours pas quitté à présent qu'il avait dépassé les soixante ans. Être reconnu, ainsi qu'il l'était, comme essayiste et critique littéraire, lui était insuffisant. Il lui fallait trouver d'autres manières d'agir.

À la fin des années 1880, ses combats sociétaux se poursuivirent : pour les droits des femmes, contre la privation du droit de vote des vétérans qui étaient délinquants fiscaux ou indigents, contre un projet de loi visant à emprisonner les clochards et les mendiants. Il continuait par ailleurs de militer pour la liberté religieuse absolue et s'opposait aux nombreux projets de lois anticatholiques proposés dans les dernières décennies du siècle – un anticatholicisme qui se nourrissait d'une franche hostilité envers les immigrants irlandais et italiens. Il défendait les Irlandais avec la même sincérité et le même paternalisme bienveillant qu'il utilisait jadis pour défendre les Noirs, louant par exemple "la nature solaire de leur race, leur humour, leur courage physique, la chaleur de leur cœur et leurs fortes affections domestiques". Comme tout le monde ou presque parmi les militants de ce qui nous semble aujourd'hui une évidence (pour les minorités, contre les discriminations), il défendait l'égalité des droits, mais pas l'équivalence en nature, des femmes. Leur domesticité "innée", estimait-il, était l'une de leurs qualités naturelles – et on peut tracer ici un parallèle avec le Nègre "docile" et les "fortes affections domestiques" des Irlandais, voire avec le génie "enfantin" d'Emily Dickinson. Il les caractérise comme étant "déductives, instinctives, et imaginatives". Aujourd'hui cette essentialisation prête à sourire, ou à hocher la tête d'un air contrit – mais à l'époque, outre qu'il s'agissait de points de vue largement partagés, ceux-ci ne heurtaient pas particulièrement la conscience des militantes féministes. Avec elles d'ailleurs, il collaborait à divers journaux et magazines, comme *Woman's Journal* ou *Harper's Bazaar*, ce dernier tiré à cent mille exemplaires.

Il combattait aussi violemment l'antisémitisme, qui s'était accru à partir de la fin des années 1880. Aux porte-paroles de la pureté raciale, il rétorquait que "les Juifs, d'où qu'ils viennent, ont probablement une ascendance moins mêlée que la plupart de ceux qui déplorent leur arrivée".

À un siècle et demi de distance, et après l'avoir côtoyé pendant plusieurs mois avant et pendant l'écriture de ce livre, je ne peux m'empêcher de le trouver assez fascinant, Higginson – fascinant, et en même temps un peu agaçant. En fait, ce type est pour moi une énigme – c'est aussi une des raisons pour lesquelles j'ai entrepris la rédaction de ce livre. Fascinantes cette énergie, cette vigueur encore juvénile, cette certitude de la nécessité du combat pour les idées, cette opiniâtreté à vouloir à toute force imprimer sa marque et modifier le cours des choses, des événements – de l'Histoire. Toujours dans le bon sens, certes, vers plus de justice et plus d'égalité entre les hommes, mais une telle constance finit par intriguer – une énergie hors du commun, associée à la générosité à tous vents, au désintéressement et à la bienveillance probablement hérités de son père. Mais aussi un peu agaçants ce besoin permanent de reconnaissance, ce désir inconscient de se complaire dans le rôle du Bon Samaritain, cette affectueuse condescendance à l'égard de ceux dont il défendait ardemment la cause : les Noirs, les Irlandais, les femmes, les miséreux, et même Emily Dickinson, dont il aurait sans doute voulu être le mentor spirituel et poétique, qu'il aurait aimé prendre sous son aile bienveillante, protéger et guider. Ces traits de caractère, s'ils définissent une personnalité, et aussi, ou surtout, une époque, n'en restent pas moins discutables – mais dans le même temps, la sincérité de ses engagements, elle, ne souffre pas vraiment de discussion : lui au moins avait réellement, *physiquement* combattu pour les droits des Noirs, avait dépensé une formidable énergie à défendre les femmes et les minorités à une époque où, contrairement à aujourd'hui (encore que cela dépende de la partie de la planète où on se trouve), ces prises de position n'étaient ni majoritaires, ni connotées positivement – et, accessoirement, il avait permis aux poèmes d'Emily d'être lus, ce qui n'est pas rien non plus.

En 1888, lors d'un mouvement de grève ouvrière, il se range du côté des grévistes après avoir assisté à la violence des combats avec les forces de l'ordre. Il est blessé d'un jet de pierres. Il est ravi : le voilà qui rajeunit. À sa jeune femme, il déclare que seuls les combats pour la libération d'Anthony Burns, il y a une éternité de cela, et l'expérience de l'armée avaient rivalisé avec cette confrontation directe à la violence. Et il ajoute qu'en dépit de ses soixante-cinq ans, il s'est réjoui "de ce petit danger – comme autrefois".

Cette même année, il se présente à la Chambre des représentants, cette fois sous l'étiquette démocrate, où il a comme adversaire Nathaniel P. Banks, ex-gouverneur, ex-général de l'Union – qui, lui, avait commencé en politique chez les démocrates et avait rejoint les républicains. Ses positions ont évolué depuis les premiers combats antiesclavagistes : à présent il reproche aux abolitionnistes leurs jugements rigides, figés pour l'éternité, toujours aussi sévères et radicaux, ne prenant pas en compte certains contextes particuliers. Dans les plantations hypothéquées et profondément endettées de Virginie, déclare-t-il par exemple, l'esclavagiste le plus éclairé avait rarement les moyens de déplacer ses esclaves. Aussi réclame-t-il de l'indulgence pour certains d'entre eux, nombreux selon lui, qui avaient ouvert les yeux sur la nature de ce mal, mais qui s'étaient retrouvés pieds et poings liés par un contexte, une politique, une époque.

Point de vue que ne partage pas, c'est le moins qu'on puisse dire, un ancien abolitionniste comme lui, Frederick Douglass, dit désormais "le Lion d'Anacostia", du nom de la rivière sur les bords de laquelle il vivait depuis 1877 (et "Lion" en raison de son énergie et de sa chevelure abondante), son aîné de quelques années, ancien esclave et figure emblématique du combat antiesclavagiste, dans une lettre ouverte pour soutenir l'adversaire de Higginson, Nathaniel Banks. "Higginson et ses alliés, qui ont abandonné le Parti républicain, sont des traîtres, non seulement envers cette organisation politique, mais aussi envers la cause de la liberté elle-même."

Par parenthèse, on notera là encore ce qui aujourd'hui semble presque être une contradiction : un militant abolitionniste noir, et pas n'importe lequel, estime que la liberté et la cause antiesclavagiste se trouvent davantage du côté des républicains que des démocrates.

À quoi Higginson répond : "Se réconcilier avec le Sud est nécessaire, parce que la Reconstruction radicale a bien montré que la force avait échoué. Mon ami Fred Douglass, qui a commencé dans la vie en s'enfuyant de chez un propriétaire d'esclaves, semble être lui-même devenu un propriétaire d'esclaves, pour qui ceux qui ne sont pas de son avis doivent être rattrapés et ramenés dans le droit chemin."

Les combats continuent. Ayant perdu l'élection au profit de Banks, il se rapproche, avec Lucy Stone et d'autres, des idées socialistes de nationalisation du télégraphe, du réseau routier et de l'industrie du gaz. "Je suis convaincu que la tendance actuelle est au nationalisme – ou au socialisme d'État, si vous préférez – et je suis prêt à aller plus loin dans cette direction."

Plus loin, c'est-à-dire jusqu'à "soixante pour cent". C'est étonnamment précis ; c'est du moins ce qu'il déclare en 1895 : bien que partisan de certaines mesures prônées par les socialistes, il déplore leur volonté égalitariste, leur idéologie qui consiste à mettre le travail manuel sur le même plan que le travail intellectuel, et les accuse d'ignorer la nécessité d'avoir des dirigeants hautement qualifiés.

Dix ans plus tard, cependant, en 1905, âgé alors de quatre-vingt-deux ans, il soutiendra la fondation par les jeunes Upton Sinclair et Jack London, de cinquante ans ses cadets, de l'Intercollegiate Socialist Society, branche étudiante du tout récent Parti socialiste d'Amérique, dont le but était entre autres de favoriser l'étude d'un "grand mouvement" à venir. Lequel avait commencé cette même année 1905 en Russie, avec des troubles politiques et sociaux qui avaient éclaté dès janvier – puis, en juin, avec la mutinerie du *Potemkine* –, et qui aboutirait quelques mois plus tard au manifeste d'Octobre signé par Nicolas II – ceci en attendant, douze ans après, d'autres troubles, d'autres soubresauts, et un autre "grand mouvement", bien plus déterminant, qui viendrait illustrer et mettre en actes la conviction qu'avait exprimée Wentworth quelques années plus tôt, à savoir que la tendance était à un socialisme d'État.

Mais ceci est une autre histoire, à laquelle il ne participerait plus – faisant alors depuis six ans partie, comme la mère d'Emily, comme Emily elle-même, comme nous tous bientôt, "de ce grand courant appelé « l'infini »".

XXVI

DERNIÈRES ANNÉES

Mais nous n'en sommes pas encore là, car Wentworth est bien vivant. Plus très jeune, soixante-quinze ans, mais bien vivant, et pas encore en trop mauvaise santé. Il faut dire qu'il continue à prendre soin de sa condition physique, fait de l'exercice, surveille son alimentation. Lorsqu'il avait soixante-six ans, son état général avait été jugé si bon par les médecins qu'une compagnie d'assurances lui avait accordé une assurance-vie. Peu avant, il avait appris à faire du tricycle, plus précisément, si l'on en croit une photo, du Rudge Rotary Tricycle – engin dont j'avoue que, même en l'examinant avec attention, je n'en saisis pas très bien le fonctionnement : deux roues libres à l'avant et à l'arrière, une autre beaucoup plus grande sur le côté gauche, que l'on fait tourner en pédalant, et pas de guidon ; apparemment on l'orientait en actionnant une manette à main droite. La photo en question le montre sur un de ces complexes engins, chapeau, favoris et belle moustache, appuyé sur la selle, jambe gauche au sol, jambe droite sur la pédale, la manette dans sa main, sa fille Margaret, quatre ans, derrière lui, le tout sur fond de décor de sous-bois. Il regarde quelque part dans le lointain, l'air vaguement inspiré, ainsi qu'on le faisait, et qu'on le fait sans doute encore, pour certains portraits. La petite Margaret, elle, fixe l'objectif.

Lui qui avait signé jadis une convention favorable à la sécession du pays, condamné avec véhémence la guerre contre le Mexique, estimé nécessaire une véritable révolution, appelé à l'usage de la force violente n'excluant pas les bains de sang, était devenu moins radical avec l'âge – ce qui est peut-être le lot de chacun. Lorsqu'éclate, en 1898, la guerre hispano-américaine, il commence par la dénoncer, estimant qu'il s'agissait là d'une volonté d'hégémonie du modèle anglo-saxon sur le reste du monde – en quoi il n'avait peut-être pas tort. Cependant, il finit par se ranger patriotiquement du côté de son pays, et déclare lors d'un meeting : "La guerre a commencé ; qu'elle soit juste ou non n'est plus notre préoccupation. C'est notre guerre, et nous devons la terminer quoi qu'il arrive." Ce qui ne l'empêche pas de rejoindre, peu après la ratification du traité de paix, la Ligue anti-impérialiste.

À la toute fin du siècle, la question raciale aux États-Unis était loin d'être résolue – elle ne le sera d'ailleurs jamais vraiment. Les lois Jim Crow imposant la ségrégation raciale étaient appliquées partout, un sentiment chauvin, raciste et belliciste ne cessait de croître dans le pays, et le nombre de lynchages de Noirs avait grimpé en flèche dans le Sud. En Géorgie, en Caroline du Nord, Wentworth participe alors à de nombreux meetings dans lesquels il dénonce la situation, réaffirmant le droit des Noirs à la liberté non seulement d'échapper à l'esclavage, mais aussi d'avoir une position d'homme libre qui vaille la peine d'être vécue.

En 1901, il voyage en Europe, accompagné de Minnie, pour une tournée de conférences. C'est suffisamment singulier pour qu'on le souligne : il est alors considéré comme une des figures littéraires mondiales

les plus en vue. Un sondage du magazine *Literary Life* pour élire une académie des Immortels parmi les Américains vivants le place en quatrième position sur quarante, devancé uniquement par Thomas Edison, Mark Twain et Andrew Carnegie. En France, *La Revue des Deux Mondes* lui consacre un long article de quarante pages intitulé "Un Américain représentatif".

Il a soixante-dix-huit ans, mais les années semblent n'avoir que peu de prise sur lui. Bien sûr il en porte quelques stigmates sur son corps, moins souple, sur sa peau, plus ridée, ses cheveux, plus blancs, mais pas encore vraiment dans sa constitution même, ni sa résistance : il est toujours vigoureux, malgré une démarche parfois plus hésitante, rarement malade, et cultive un optimisme permanent, et parfois excessif.

La marche du temps, cependant, ne faiblit pas non plus, ni ne se ralentit. Après ce voyage en Europe, sa santé commence à décliner. Il souffre d'eczéma, de dyspepsie chronique, a besoin de diète, de repos. Cependant il continue à s'occuper des affaires publiques, à faire des lectures, des conférences, à écrire – engage un secrétaire, apprend lui-même à taper à la machine.

L'année de ses quatre-vingt-un ans, il entreprend avec sa femme et sa fille, âgée de vingt-trois ans, un séjour à New York. L'effervescence de la ville le fascine. Les premières automobiles le fascinent. Le métro, qui vient d'être mis en service, le fascine. Le progrès technique, technologique, le fascine. Ce XXe siècle naissant le fascine. Il aimerait pouvoir vivre cent vingt, cent cinquante, deux cents ans (grâce à quoi il viendrait à peine de mourir au moment où j'écris ces lignes), et voir ce que l'avenir réserve à l'humanité. Si là, tout de suite, alors que Minnie et lui sont en train de marcher sur

Broadway, noyés dans la cohue de la foule, des voitures à cheval et des automobiles, un charlatan l'accostait pour lui proposer un élixir de jouvence, il l'achèterait immédiatement, quel qu'en soit le prix.

Sa fille Margaret, qui se pique d'écriture, publie quelques nouvelles, se marie avec un avocat bostonien. Un petit-fils arrive. On le prénomme Thomas.

Le temps presse.

Il écrit son autobiographie. Peu d'aventures au sens spectaculaire du terme (et encore : la prise d'assaut du palais de justice de Boston et la guerre de Sécession, ce n'est pas tout à fait rien), mais une constance dans l'amour de la littérature, dans l'engagement, dans l'enthousiasme et dans le don de soi.

"Personnellement, écrit-il en conclusion, j'aimerais vivre assez longtemps pour voir un monde apaisé par un arbitrage international sécurisé, le libre-échange adopté partout, l'égalité des droits entre les deux sexes, et savoir que les villes sont dirigées avec honnêteté (...), voir les monopoles naturels entre des mains publiques et non privées, le fléau de l'alcoolisme éradiqué, la liberté religieuse effective, et voir aussi la littérature américaine totalement émancipée des réflexes de la déférence coloniale."

Curieusement, en ces années d'application des lois Jim Crow, il ne mentionne pas les Noirs.

En 1906, il écrit dans son journal : "On peut compter sur moi pour continuer à travailler ici jusqu'à la fin, pour mon plaisir ou pour autre chose, mais le retrait silencieux et progressif du monde dans lequel j'ai été si actif ne me dérange pas du tout. Je n'ai pas non plus la moindre peur de la mort, qu'il y ait quelque chose ou rien au-delà. La première hypothèse me semble la plus probable."

(Ce qui, pour un ancien pasteur, est bien la moindre des choses.)

Il copie ces vers de Walt Whitman, qu'il trouve bouleversants. Dit qu'il aimerait qu'on les fasse graver sur sa pierre tombale :

Joie, camarade joie !
(Appréciant mon âme en mourant je pleure)
Notre vie s'achève, notre vie débute
Le long, long ancrage est levé,
Le navire est enfin libre, il bondit
S'éloigne rapidement du rivage
Joie, camarade, joie !

Le 21 décembre 1907 : "Ce jour étant le dernier de mes 84 ans, j'ai prévu un travail agréable pour l'année à venir. De la même manière que j'ai réussi à assembler le volume, longtemps reporté, des mémoires de mon grand-père, j'ai décidé de réaliser un autre vieux projet, excellent pour mes vieux jours, à savoir : traduire du grec *Les Oiseaux* d'Aristophane. J'aime la vie, l'amour et le travail, et cela ne me dérangerait guère d'être nonagénaire."

En 1908 et 1909, il est occupé à la rédaction de divers articles de journaux et magazines, commence à rédiger un dossier sur la généalogie de la famille Higginson, révise une nouvelle édition de son *Young Folks' History of the United States*. Il dit parfois en riant qu'il a "pris l'habitude de vivre" et qu'il ne compte pas s'arrêter là, qu'il a toujours des idées, des réflexions, des points de vue à formuler, que ce soit sur les sujets d'actualité ou sur ses contemporains disparus. Au demeurant, il continue à donner allocutions et conférences.

Il assiste en mai 1909 à un concert de "chanteurs noirs" ou "de couleur" – ainsi les désigne-t-il désormais *("colored singers")*, lui qui comme tout le monde utilisait jusqu'alors, dans tous ses écrits, le terme de "nègre" *("negro")* –, qui le célèbrent et lui offrent des fleurs.

Le 12, il participe à une réunion commémorative pour le centième anniversaire de la naissance de Margaret Fuller. Les salons sont bondés. Il a bientôt quatre-vingt-six ans. "Ce sera peut-être ma dernière réunion publique", écrit-il – en quoi il se trompe, de deux ans.

Le 17, il se rend à Concord aux funérailles d'un camarade d'école, le juge Keyes. Dans ses Mémoires, sa femme Minnie écrit : "Sa famille s'opposa violemment à cette excursion à Concord, car il fut obligé d'y aller seul, son « tuteur naturel » [à savoir elle-même] n'étant pas disponible ; mais il était inexorable, ravi d'échapper à l'emprise féminine, et en revint triomphant."

En octobre, il est invité à la "National Negro Conference", parrainée notamment par le philosophe John Dewey, qui réclame l'égalité des droits politiques pour les Noirs. Fatigué, il ne peut se déplacer. Il envoie cependant sa contribution, dans laquelle il indique en conclusion qu'il serait peut-être bon que la Convention rejoigne les rangs des progressistes du Sud, qui considèrent que "la première grande étape est d'avoir une école publique pour tout le monde, les Noirs et les Blancs".

Dans le Sud, en attendant, les lynchages de Noirs se multiplient, et ce en dépit des législations, que le gouvernement fédéral est dans l'impossibilité de faire appliquer.

Au cours de l'hiver 1911, ses forces déclinent peu à peu.

En février, il lit en public un article sur Dickens.

Un mois plus tard, il assiste à une réunion du Club des auteurs à Milton, au sud de Boston. C'est sa dernière sortie.

Il a quatre-vingt-sept ans passés. Il continue à tenir son journal, comme il le fait depuis soixante-seize ans.

En avril, il cesse. Trop faible.

XXVII

LE JEUNE HOMME

La maison du 29 Buckingham Street, à Cambridge, est un peu en retrait et en léger surplomb, à une cinquantaine de mètres environ de la rue, entourée de grands arbres qui la cachent à la vue. Elle fait partie des monuments historiques américains depuis 1982 sous le nom de Col. Thomas Wentworth Higginson House. Une allée pavée de larges pierres permet d'y accéder. Une volée de marches, un porche sous lequel se tient une porte en bois sculpté, deux étages percés de fenêtres à persiennes, une façade aujourd'hui gris clair – à l'époque de Wentworth, elle était rouge foncé, et le bâtiment moins large : une aile a été ajoutée. Un peu plus d'un siècle après la mort de Wentworth, en 2020, elle continuait manifestement d'être habitée par des "progressistes", si l'on en croit les petits panneaux bleus plantés sur la pelouse en bord de rue qui indiquaient, comme c'est fréquent aux États-Unis, la préférence partisane de ses occupants : "Biden Harris", *"Ed Markey Senate"* (élu démocrate), ou une autre pancarte, blanche celle-là, indiquant *"You can only choose one: America or Trump"*, avec *"America"* coché.

Thomas Wentworth Higginson y mourut paisiblement le 9 mai 1911 en fin d'après-midi, entouré de sa femme Minnie et de sa fille Margaret. Son gendre et son petit-fils Thomas étaient en bas, dans le salon. Tandis qu'un doux souffle de printemps soulevait les rideaux de ses fenêtres, écrivit Minnie, "sa présence visible se retira discrètement".

De lui, on dispose d'une demi-douzaine de portraits, en plus des trois qu'on a déjà vus : celui de 1846, mince jeune homme de vingt-trois ans, cheveux longs, regard clair et déterminé ; celui de 1853, trente ans, avec les trois petits Channing – toujours mince et brun, les cheveux plaqués sur le côté gauche, d'imposants favoris, le regard baissé, un petit sourire en coin ; et le double de 1885, sur un complexe tricycle, avec sa fille Margaret. Sur tous les autres sauf un, que ce soit en 1857 (trente-quatre ans), où, toujours imberbe, il a de faux airs de l'acteur Claude Rich ; en 1863 avec habit et barbe de militaire ; en 1865, quadragénaire très légèrement empâté avec de longs favoris qui lui couvrent à présent les joues et la moustache, mais pas le menton, selon la mode de l'époque – qu'il n'abandonnera plus ; ou en 1890 (soixante-sept ans), encore un peu plus empâté, les cheveux grisonnants : sur tous ces portraits il ne regarde pas l'objectif mais, obéissant en cela aux probables directives du photographe, un point supposément situé dans le lointain – sauf qu'on croirait plutôt, à considérer son regard dubitatif, un peu perdu, presque absent, qu'il a plutôt basculé vers ailleurs, à la verticale – loin à l'intérieur de lui-même. Sur son dernier portrait, âgé de quatre-vingts ans, les cheveux blancs et toujours cette vague ressemblance avec Claude Rich, il nous fixe à nouveau, bien droit sur sa chaise, le regard franc – l'air digne.

Le 9 mai 1911, Wentworth était alité, seul, dans la grande chambre du premier étage. Minnie était avec Margaret dans la petite pièce à côté, à ranger du linge, ouvrir des tiroirs, déplacer des chaises, il ne savait pas trop. Elles étaient là, assises à ses côtés, de part et d'autre du lit, il s'était assoupi, et lorsqu'il s'était réveillé elles n'étaient plus là. Mais il les entendait, de l'autre côté de la cloison. Il faisait doux, une légère brise de printemps soulevait doucement les rideaux. Deux semaines qu'il ne se levait plus, ou presque plus. Ou peut-être trois ? Ses forces l'avaient abandonné. Il n'avait même plus celle d'écrire dans son journal. Il pensait à la mort. Essayait obstinément de la voir qui se profilait au-devant de lui, tout en se demandant, au fond, à quoi bon regarder là où il n'y a rien à voir. Il y avait cependant une ombre qui l'intriguait, là, à côté de l'armoire, dans le coin près de la porte. Mais rien ne bougeait ; ce n'était qu'une ombre. Malgré cela il était bien – reposé, apaisé. Il ne souffrait pas. Juste cette torpeur dans les jambes et les bras. Il avait la sensation que son corps s'éloignait de lui, devenait cotonneux. Toute une vie à l'entretenir, à faire de la gymnastique, de l'exercice, grimper à la corde raide, boxer, marcher dans la nature, gravir les sommets des monts Catskill, ramer, nager… Et au bout du compte : l'abandon, le reflux, comme une vague qui se retire doucement, ne laissant derrière elle qu'une trace un peu plus sombre sur le sable. Cela le faisait presque sourire. Son fatalisme naturel l'avait rattrapé, à compter qu'il l'eût jamais abandonné. Il acceptait tout, paisiblement, comme il l'avait toujours fait. Il attendait. Il ne savait pas quoi, mais il attendait.

Un chant d'oiseau le réveilla. Mésange, paruline, fauvette ? Il n'avait jamais su identifier les chants d'oiseaux. Thoreau, lui, savait. Emily aussi. Il produisit un effort de mémoire. Cela faisait presque cinquante ans que l'un était mort, l'autre vingt-cinq. Ce qui l'attendait, ils le savaient aussi. Tout comme sa petite Louisa – quoique non, que pouvait-elle savoir, à son âge, quelques semaines à peine. Lui, en tout cas, allait savoir. Savoir quoi ? Il verrait bien. Il n'avait pas peur. Des sensations sans corps, une tornade de sentiments, d'émotions, une lumière vive, des retrouvailles, le noir absolu, rien du tout ?

Je le vois, allongé les yeux mi-clos, la respiration lente et régulière, un peu forte peut-être, le visage légèrement tourné sur sa gauche, vers la fenêtre. Le tulle blanc du rideau lui rappelait la robe d'Emily les deux fois où ils s'étaient rencontrés. Sa précipitation, les fleurs qu'elle lui avait tendues, son petit corps d'enfant, son regard intense, effarouché. Ses phrases haletantes, rapides, définitives. Un oxymore fait femme : forte et fragile, hésitante et lapidaire, lumineuse et renfermée, close au-dedans d'elle-même et ouverte sur l'infini. Et ses poèmes, aériens, subtils, qui se posaient où ils voulaient, comme ils voulaient, indisciplinés, imprévisibles, elliptiques, difficiles à saisir, sentencieux, saisissants. Elle lui survivrait. Elle lui avait déjà survécu. Et il y était pour quelque chose. Survivre au temps, à l'histoire des hommes, à la mémoire éphémère des générations. Lui n'en aurait peut-être pas l'occasion. Il sentait qu'il y avait comme un malentendu : les livres qu'il avait écrits, pour lesquels il avait été loué, célébré, invité partout en Amérique et en Europe, il savait bien, au fond de lui, qu'ils ne lui assureraient aucune gloire posthume. Son rôle de passeur, d'éditeur des poésies d'Emily Dickinson, peut-être davantage, mais cela le cantonnerait à jamais dans l'ombre gigantesque de la petite poétesse d'Amherst, qui finirait par l'engloutir.

Pour le reste, il avait eu beau s'activer, défendre les justes causes, toutes les justes causes, avec passion et conviction, cela ne suffirait peut-être pas. La mémoire des hommes est ingrate. À un océan de distance de là, et presque au même moment, un autre défenseur des justes causes était une gloire de son vivant, et serait à peu près oublié après sa mort : dreyfusard, ayant participé à la fondation de la Ligue des droits de l'homme, favorable à la séparation de l'Église et de l'État, dénonçant dans quelques années le génocide arménien, les pogroms d'Europe de l'Est, la politique coloniale de la France, plus tard la folie de la Grande Guerre, plus tard encore les tout premiers procès de Moscou – cela ne suffirait pas à Anatole France, de trente ans son cadet, pour demeurer dans la mémoire vive des générations. Son œuvre ne lui survivrait pas, ni le souvenir de ses combats. Peut-être en irait-il de même pour Wentworth. Les bons sentiments, les engagements, si justifiés soient-ils, cela ne suffisait pas. Aucune lutte, aucune conviction politique ne pouvait se substituer au lac profond et sombre, asocial, rebelle, *dickinsonien*, à quoi s'abreuve l'écriture, à cette "forêt insoumise où hurle le loup et jacasse l'obscène oiseau de nuit" qu'évoquait le père de Henry James dans un de ses livres. Mais, si désireux de reconnaissance qu'il eût pu être par le passé, cela ne lui faisait plus rien à présent : la reconnaissance, il l'avait eue de son vivant, avait été comblé d'honneurs ; pour le reste, ce serait à d'autres de s'en occuper, s'ils le voulaient – et s'ils ne le voulaient pas, peu lui importait. Il y avait devant lui ce grand vide qui ne l'effrayait pas, et qui était bien plus important à cet instant précis. Ses contours commençaient à se dessiner dans l'ombre, près de l'armoire, comme un recoin mystérieux, une porte jamais vue. Il abandonna l'image d'Emily et se mit à penser à son expérience de la guerre, lorsqu'il commandait le 1er régiment de volontaires noirs de Caroline du Sud. C'était quelques mois après la première lettre d'Emily. Combien de mois ? Deux, six ? Il n'en savait plus rien. Que sont six mois en regard de tant d'années, de tant de vies vécues, de tant de personnes croisées, aimées, disparues, oubliées, de destins entremêlés. Il avait quarante ans à l'époque. Il ne se dit pas "c'était le bel âge", ou "c'était le bon temps". Quelque chose en lui le pensa peut-être, mais pas lui. Il n'était pas nostalgique – ne l'avait jamais été. Par-delà le fossé de presque un demi-siècle qui s'était creusé depuis, il se borna à examiner avec tendresse et distance, ainsi qu'avec une sorte de fierté qu'il ne chercha même pas à se dissimuler, le fringant quadragénaire qu'il était alors. Il sourit. Il se souvint de l'affection qu'il portait à ses troupes, de cet engouement, cette joie – oui, une joie authentique, profonde –, de savoir ces gens naguère enchaînés, possédés, guère plus considérés que comme des outils ou des bêtes de somme, à présent libres – libres de se battre pour l'Union, libres d'ouvrir un atelier de maréchal-ferrant, de menuiserie ou un salon de coiffure, libres de ne rien faire, peu importe, mais libres. Et il savait qu'il n'avait pas été pour rien dans cette liberté qu'ils avaient obtenue. Il y avait pris sa part – une part non négligeable. Ses années de militantisme, de combats, de coups de force, ses centaines de meetings, de conférences, de prises de parole publiques, n'avaient peut-être été qu'une goutte d'eau dans le grand océan du mouvement abolitionniste, mais une goutte d'eau sans laquelle le vase des libertés n'eût peut-être pas débordé et inondé tout le pays – du moins y avait-il contribué avec constance, conviction et énergie. Cette énergie qui à présent lui faisait défaut – mais il avait fait son temps. Et rempli sa mission. Toutes ses missions.

Il n'avait donc pas à rougir devant le jeune Wentworth de vingt ans, animé de nobles idéaux, désireux de s'engager pour une juste cause, qui se tenait là, dans la chambre, debout devant son lit avec sa redingote claire, ses cheveux noirs et son corps tout mince, et qui le regardait en souriant. Par où était-il entré ? Il avait un lis blanc à la main, un livre dans l'autre. Il tenta de se redresser dans son lit, plissa un peu les yeux pour affiner sa vue, mais n'en distingua pas le titre.

SOURCES

Pour la correspondance Dickinson-Higginson, le site très complet (intégralité des lettres d'Emily, et quelques réponses de Higginson, plus quelques commentaires) http://archive.emilydickinson.org/wkintronew.htm.

Pour l'édition complète des poèmes d'Emily Dickinson, et leur numérotation : *The Poems of Emily Dickinson*, Harvard University Press, 1999. L'édition française (bilingue) correspondante est : *Poésies complètes*, édition de Françoise Delphy, Flammarion, 2009.

Enfin, pour la vie singulière et mouvementée de Thomas Wentworth Higginson, sa biographie, *Strange Enthusiasm*, signée Tilden G. Edelstein.

REMERCIEMENTS

à Christophe Gence et Thierry Gillybœuf pour leur lecture attentive et amicale

à Myriam Anderson pour sa patience

à Muriel, pour sa présence

TABLE

DU MÊME AUTEUR

Romans

LE VOL DU PIGEON VOYAGEUR, Gallimard, 2000 (prix du Rotary international), Gallimard ; Folio n° 3680.
SORTILÈGE, Champ Vallon, 2002 ; rééd. 2014.
DU BRUIT DANS LES ARBRES, Gallimard, 2002 ; Folio n° 4134.
L'EMBARQUEMENT, Gallimard, 2003 ; Folio n° 4311.
LA JUBILATION DES HASARDS, Gallimard, 2005.
LA PISTE MONGOLE, Verdier, 2009 ; Points n° 3195.
DES FEMMES DISPARAISSENT, Verdier, 2011 (prix Roland-de-Jouvenel de l'Académie française) ; Points n° 3320.
LES NUITS DE VLADIVOSTOK, Stock, 2013.
SELON VINCENT, Stock, 2014 ; Babel n° 1493.
LES VIES MULTIPLES DE JEREMIAH REYNOLDS, Stock, 2016.
LES OISEAUX MORTS DE L'AMÉRIQUE, Actes Sud, 2018 ; Babel n° 1683.
LE BON, LA BRUTE ET LE RENARD, Actes Sud, 2020.

Récits, nouvelles & textes brefs

VIDAS, Gallimard, 1993 ; Folio n° 4494.
L'ENCRE ET LA COULEUR, Gallimard, 1997.
VIES VOLÉES, Climats, 1999 ; Folio n° 4494 ; GF "Étonnants classiques" n° 346.
RIEN, Champ Vallon, 2000.
FÉES, DIABLES ET SALAMANDRES, Champ Vallon, 2003.
LA NEIGE GELÉE NE PERMETTAIT QUE DE TOUT PETITS PAS, Verdier, 2005.
LE SCORPION DE BENVENUTO, L'Escampette, 2007.
À BUDAPEST, Circa 1924, 2007.
CIRCÉ OU UNE AGONIE D'INSECTE, Cadex, 2010.
QUAND J'ÉTAIS ÉCRIVAIN, en collaboration avec Pierre Autin-Grenier, Finitude, 2011.
L'ÉTRANGE SÉRÉNITÉ DES FONDS MARINS, Circa 1924, 2014.
LA LOI DES BÊTES (illustrations de Philippe Favier), Les Éditions du Chemin de fer, 2015.
ENTRER DANS DES MAISONS INCONNUES, Finitude, 2015.
JEREMIAH & JEREMIAH, Château des ducs de Bretagne / Musée d'histoire de Nantes, 2016.
UNE ODYSSÉE POUR DENVER, Champ Vallon, 2022.

Essais et approches biographiques

LABYRINTHES ET CIE, Verdier, 2003.
PIERO OU L'ÉQUILIBRE, L'Escampette, 2004, Arléa poche, 2019.

J'AI GRANDI, essai autobiographique, Gallimard, 2006 (prix Symboles de France).
L'AUTRE MONDE, Verdier, 2007.
BORGES, DE LOIN, Gallimard, 2012 (prix Roger-Caillois), Arléa poche, 2018.
JIBÉ (sur JB Pontalis), Arléa poche, 2014.
ABÉCÉDAIRE BALZACIEN, éd. du Lérot, 2020.

Poèmes

LES CIGARETTES, L'Escampette, 2000.
PIERRIER, poèmes, L'Escampette, 2003.
POÈMES AMÉRICAINS, Finitude, 2018.
POÈMES-ZUIHITSU, Le Réalgar-Éditions, 2024.

Notes

VÉTILLES (NOTES 2010-2015), L'Escampette, 2015.
PETITS OISEAUX, GRANDS ARBRES CREUX (NOTES 2015-2020), Finitude, 2021.
UN CHEMIN ENTRE PLUSIEURS MONDES (NOTES 2020-2024), Finitude, 2025.

Lexiques

LEXIQUE, L'Escampette, 2002.
PRIS AUX MOTS (LEXIQUE 2), L'Escampette, 2006.
À LA LETTRE (LEXIQUE 1-3), éd. du Lérot, 2022.

Carnets de voyage

EN DESCENDANT LES FLEUVES (CARNETS DE L'EXTRÊME-ORIENT RUSSE), en collaboration avec Éric Faye, Stock, 2011 ; J'ai lu n° 10538.
CARNETS D'ORIENT (regroupant ITINÉRAIRE CHINOIS, DU BAÏKAL AU GOBI, CARNET JAPONAIS), L'Escampette poche, 2014.
IENISSEÏ suivi de RUSSIE BLANCHE, Verdier, 2014.
LE LAUSANNE-MOSCOU-PÉKIN, La Baconnière, 2015.
DANS LES PAS D'ALEXANDRA DAVID-NÉEL (DU TIBET AU YUNNAN), en collaboration avec Éric Faye, Stock, 2018, Points Aventure n° 4492.
TRAVELLING, en collaboration avec Tanguy Viel, Lattès, 2019, Points Aventure n° 5205.
PATAGONIE, DERNIER REFUGE, en collaboration avec Éric Faye, Stock, 2021, Points Aventure n° 5537.

Littérature jeunesse

AUX BORDS DU LAC BAÏKAL, L'École des loisirs, 2011.
LES PAPILLONS DE LA LENA, L'École des loisirs, 2012.
LA PERSPECTIVE DU CONDOR, L'École des loisirs, 2016.

Photos

LE MINIMUM VISIBLE, photographies (avec des textes de Stéphane Audeguy, Arno Bertina, Éric Faye, Thierry Girard, Gilles Ortlieb), Le Bec en l'air, 2011.

OUVRAGE RÉALISÉ
PAR L'ATELIER GRAPHIQUE ACTES SUD
ACHEVÉ D'IMPRIMER SUR ROTO-PAGE
EN DÉCEMBRE 2024
PAR L'IMPRIMERIE FLOCH
À MAYENNE
POUR LE COMPTE DES ÉDITIONS
ACTES SUD
LE MÉJAN
PLACE NINA-BERBEROVA
13200 ARLES

DÉPÔT LÉGAL
1RE ÉDITION : FÉVRIER 2025
N° impr. : 106057
(Imprimé en France)